超明解！合格NAVIシリーズ

ケアレスミスを なくす50の方法

大学受験 合格への鉄板テクニック

和田秀樹
受験技術研究家・精神科医

ブックマン社

| まえがき

ケアレスミスをなくせば、偏差値10はすぐに上がる！

■ ミスがなくならない本当の理由

「ミスさえしなければ、あと15点は取れていた…」

テストの答案が返ってくるたびに、ケアレスミスによる失点を悔やむ。そして、自分への戒めを込めて、こんな決意をする。

「次からは絶対にミスをしないように気をつける！」

それで「次から」ミスがなくなるかというと、残念ながらそうはなっていないだろう。なぜかと言うと、決意は口だけで**「ミスをなくす工夫・努力」を実践していない**からである。ミスがなくならない本当の理由はこれだ。

ここで断言しよう。もしキミが、すぐにでも「ケアレスミスをなくす対策」に取り組めば、「次から」は自分でも驚くほどの結果を出せると。

手っとり早く成績を上げたい、偏差値を上げたいと思うなら、新しい参考書に手を出すよりも前にやるべきことがある。それをまとめたのがこの本だ。

■ ミス克服の具体的・実用的なテクニック

これまでキミたちは、誰かに「ミスをなくす方法」を教わってきただろうか。学校や予備校の先生は、「ちゃんと見直しをしよう」とか「問題文を丁寧に読もう」などと言ってくれたかもしれない。しかし、そんな抽象的なアドバイスが有効なら、とっくの昔にミスはなくなっているはずだ。

この本では、受験生が実際に犯しやすいケアレスミスを広く集めて分析し、その対策を**具体的なテクニック**として伝授する。しかも、これらは、キミたちの先輩が実践して効果を上げてきた、すぐれて実用的なものばかりである。

まずは、自分がよくやるミスをこの本から拾い上げ、それを防ぐ方策やテクニックを実際に試してみてほしい。**「あ、こうすればいいのか！」**と思ってもらえたなら、これから先、ミスはどんどん減っていく。これも断言しよう。

■「今の実力のまま」でも偏差値10は上がる！

「難問を解く実力」をつけるのに要する時間や労力を考えると、「ミスを防ぐ努力」など全然たいしたことではない。「難解な理論」や「深い思考力」とは無縁、早い話が**「今までのやり方を改善する」**だけで済むからだ。

模試データを分析すると、模試の種類によっても違うが、数学や理科では得点が10点上がると偏差値は7〜8上がる。これまでケアレスミスで15点前後失ってきた人なら、ミス克服の"ちょっとした努力"で偏差値10はすぐに上がる。

受験の世界では、偏差値を10上げるのに普通は1年程度かかると言われている。しかし、キミの努力次第では、それを1〜2か月で達成することも不可能ではない。今のままの実力でも、これまでムダに失ってきた点を取り返すだけで、必然的にそうなるのである。こんなにオイシイ話はない。

■「ミスらんノート」を作って合格を勝ち取ろう！

この本では、主に高校1年で習う数学の基本問題を扱っているため、ともすると"数学テクニック集"に見えるかもしれない。しかし、本当のところは**「ミス克服のトレーニング本」**として、その適用範囲はすべての教科にまたがる。

ミスのタイプは人により千差万別だが、その原因や克服法には一定のパターンがある。それがもっとも分かりやすい形で表れる"数学でのミス"を素材に、「ミス克服の思考回路」を体得してもらうことが、この本の最終目標である。

そのためにぜひ作ってほしいのが、「ミスらんノート」だ（p.24〜28参照）。自分のミスと向き合い、具体的な対策を考えるプロセスを通じて「ミス克服の思考回路」が自然に身についてくる。**1〜5章は、そのお手本となる「ミスらんノート実例集」**でもある。盗めそうなアイデアはどんどん盗んで、自分のノート作りに活かしてほしい。「合格」の2文字を勝ち取るために！

最後に、この本を執筆するにあたり、膨大なデータの収集・分析に尽力していただいた緑鐵受験指導ゼミナール講師・川村裕氏には、この場をお借りして深く感謝の意を表したい。

和田秀樹

僕らと一緒にミスをなくそう！

みなさん、こんにちは。今回、僕たち3人がナビゲーター役をつとめます。チームワークはガッチリ、勉強もバッチリ、といきたいところですが、さて、どうなることやら……。みなさんにとって、この本がすこしでも身近で、親しみのあるものに感じてもらえれば僕らも嬉しいです。

2年C組・和田一樹

もくじ

まえがき ………………………………………………………………………… 3
ナビゲーター紹介 ……………………………………………………………… 5

序章 ケアレスミスはなぜ起きる？ どう防ぐ？
5つの原因＆3つの対策 …………………………………… 11

原因1 ● 油断・慢心
「よし、大丈夫だ」と思ったときが実は危ない！ ………………………… 12

原因2 ● 思い込み
明らかなイージーミスをその場で気づけない理由 ……………………… 14

原因3 ● 緊張・焦り
焦るとミスる人、焦ってもミスらない人 ………………………………… 16

原因4 ● 見切り発車
整理されていない頭で走り出すのは危険！ ……………………………… 18

原因5 ● 疲労・集中力低下
疲れた脳にやさしく、ミスには厳しく！ ………………………………… 20

対策 ● ミスと対話する
今日からさっそく実践！ ミス撲滅への3つの対策 ……………………… 22

　　　　　　　「ミスらんノート」作成マニュアル ……………………… 24

これさえ作れば確実に点が取れるようになる！

　　　　　　　ミスらんノート／応用サンプル1 ………………………… 26
　　　　　　　ミスらんノート／応用サンプル2 ………………………… 27
　　　　　　　巻末特別付録2「ミスらんシール」の使い方 …………… 28

1章 《油断・慢心》によるミスを防ぐ10の方法 ……… 29

この章のはじめに ●「頭」と「手」を一緒に動かそう！ ……………… 30
Method 1　簡単な計算でも"途中式"を省かない ………………………… 32
Method 2　指と声で安全確認、「式よーし」で出発！ …………………… 34
Method 3　移項した直後の符号確認を徹底！ …………………………… 36
Method 4　使ったものから順に消していけ！ …………………………… 38
Method 5　代入による確認をもっと活用しよう！ ……………………… 40
Method 6　公式は「そのままの形」を書いてから数値を代入！ ……… 42

Method 7	設問条件に印をつけ、確認サインで消す	44
Method 8	自分で書いた条件はウザすぎるほど強調！	46
Method 9	カッコを駆使して頭の中を整理しよう！	48
Method 10	「イヤな分数計算」は、割り算の基本に戻る	50

2章 《思い込み》によるミスを防ぐ10の方法　53

この章のはじめに ●	「別の視点」からも検討しよう！	54
Method 11	出てきた式から元の式へ引き返す！	56
Method 12	問題用紙を回転して図形を眺めてみる	58
Method 13	指数法則の混乱は、2と3の例で確認	60
Method 14	計算する前に概算値を出す	62
Method 15	"積極法"で選んだら、"消去法"でチェック！	64
Method 16	"抽出チェック"で見直しを省力化！	66
Method 17	"忘れそうな操作"は早めに処理してしまう	68
Method 18	空欄補充の問題では、解答を入れて読み直せ！	70
Method 19	忘れそうな条件は解答欄に書いておく	72
Method 20	相似の対応関係は、角度記号でチェック！	74

3章 《緊張・焦り》によるミスを防ぐ10の方法　77

この章のはじめに ●	ひと呼吸おき、視野を広くする！	78
Method 21	ミスしやすそうな計算は避けて通る！	80
Method 22	最後の最後まで分母は計算しない！	82
Method 23	項数の多い計算では、計算した項に下線を！	84
Method 24	使い慣れない公式は使わない！	86
Method 25	求めたいものは"安心位置"に移す！	88
Method 26	"二度手間計算"で芋づる式失点を防ぐ！	90
Method 27	焦っているときほど、"基本"に立ち返れ！	92
Method 28	カンマの代わりに、「かつ／または」を使う	94
Method 29	イラつく因数分解より解の公式でゴリゴリ！	96
Method 30	深追いはケガの元、"引き際"を見極めろ！	98

4章 《見切り発車》によるミスを防ぐ10の方法 …… 101

この章のはじめに ● 情報を視覚化して整理しよう！ …………… 102
Method 31　図を描くまでは走り出さない！ …………………… 104
Method 32　計算式は横方向にダラダラ伸ばさない ………… 106
Method 33　必要な部分だけを抜き出してみよう！ ………… 108
Method 34　"同じ仲間"は縦に並べて計算！ …………………… 110
Method 35　長い文章題は、図を描いて整理！ ………………… 112
Method 36　図を描き直して対応関係を把握！ ………………… 114
Method 37　SとVがひと目で分かるように！ ………………… 116
Method 38　紛らわしい公式は、余白に書き出しておく ……… 118
Method 39　立体図形は平面図形に直してから考える ……… 120
Method 40　グラフを描くときは、目盛り線を入れる！ ……… 122

5章 《疲労・集中力低下》によるミスを防ぐ10の方法 … 125

この章のはじめに ● 目にストレスを与えない答案術 ………… 126
Method 41　余白を区切ってスッキリ見やすく！ ……………… 128
Method 42　"汚い数値"が出てきたらミスを疑え！ …………… 130
Method 43　解答の流れを余白にメモする ……………………… 132
Method 44　頭が疲れたときは、手をフルに使う！ …………… 134
Method 45　計算量が少ない解き方を選択！ …………………… 136
Method 46　不安な"3乗公式"はその場で確認する！ ………… 138
Method 47　関数式を求めたら"通る点"を確認！ ……………… 140
Method 48　余弦と正弦、両方使えるときは余弦定理で解く！ … 142
Method 49　面倒な計算は"分割払い"で！ ……………………… 144
Method 50　計算式はムダに長く続けない！ …………………… 146

Stop the Careless Mistake!

終章　経験者の知恵と工夫に学ぼう！ ……………………… 149

巻末特別付録1　ミスらない解法テクニック集〔数学ⅠAⅡB編〕
先輩たちの"知的文化財"を徹底活用しよう！ ………………………… 150

《ミスらない解法テク》

❶ 2次不等式の解の範囲が勝手に定まる「○×判定法」 ………… 152
❷ 不等式の表す領域は「隣り合わないルール」で機械的に求まる …… 153
❸ 2次方程式は、x^2 の係数に注意して上手に処理！ …………… 154
❹ 計算で求めた答えを図形的に確認する「ビジュアル検算」 ………… 155
❺《積⇄和》の公式は、加法定理から導くのが確実！ ……………… 156
❻ 石橋を叩いて渡る、万全のダブルチェック検算！ ………………… 157
❼ 確率計算では、最後に分母を揃える！ …………………………… 158
❽ 定積分の計算は「引くところ」でのミスに注意して慎重に！ ……… 159
❾ 三角関数の合成は、機械的に図を描いてあっという間に完成！ …… 160
❿ 等比数列の和の公式は、r＞1とr＜1とで使い分け！ …………… 161
⓫ 数列の問題はn＝1, 2, 3を代入する"鉄板検算"を！ …………… 162
　適用トレーニング1〜11の解答例 …………………………………… 163

あとがき …………………………………………………………………… 166

コラム　「ミスしない体質」を作るちょっとした習慣術
① 消しゴムを使わないようにしよう！ ……………………………… 52
② 気になったことは書き出しておこう！ …………………………… 76
③ "確認グセ"を身につけておこう！ ………………………………… 100
④ 疑問点をすぐに調べるクセをつけよう！ ………………………… 124
⑤ 「1日15分」の計算練習を続けよう！ …………………………… 148

巻末特別付録2　貼るほどに効く！"ミスらんシール"
※使い方は本書24〜28ページをお読みください

漫画・イラスト　ただりえこ
ブックデザイン　小口翔平（tobufune）
本文デザイン　諸星真名美

序章

ケアレスミスは なぜ起きる? どう防ぐ?

5つの原因 & 3つの対策

> ケアレスミスはなぜ起きる？ 1

「よし、大丈夫だ」と思ったときが実は危ない！

原因 1 》油断・慢心
No More Careless Mistakes !

■「慣れ」による油断、気の緩み

　誰でもそうだが、人間は「慣れ」ができてくると、どうしても油断するし気も緩む。そして"うっかりミス"が増えてくる。
「患者を取り違えてクスリを与えてしまった」
「手術用のメスを患者の体内に忘れてしまった」
　医療の現場でも、ときに"あり得ないようなミス"が起こる。多くは「確認忘れ」「作業規則の無視」といった怠慢による初歩的なミスで、仕事に慣れてきた医師や看護師が犯しやすい。
　多分、キミたちもテストで同じようなミスをしているだろう。

■「ミスの可能性」を疑えなくなる過信・慢心

「正しい答えが出たのに、解答欄に書くときに写し間違えた」
「複数形にすべきところを、単数形で書いてしまった」
　自分では「ちゃんとできた」という自信があるから、見直そうという気にならない。

帰らないひと

あるいは、見直したとしても、「正しいはず」という思い込みが強すぎて、ミスを見逃してしまうことがある。

自信を持つのは悪いことではないが、「過信」や「慢心」になると、自分がミスをしている可能性を疑えなくなる。これが一番よくない。

「ひょっとしたらミスをしているかも？」

「心配だからもう一度チェックしておこう！」

まずはミスの可能性を疑ってみる。そして、見直しを習慣化する。これだけでも、多くのミスは未然に防げるのだ。

■ "うっかりミス"のパターンを潰そう！

「見直し作業」は、ミスを減らす"常備薬"のひとつだが、実際のところ面倒くさいと思っている人が多いだろう。見直しをしている時間があれば、1題でも多く解きたくなる気持ちも分かる。

しかし、ミスを減らすには、いくら面倒であろうが見直し作業は必須だ。同時に、「自分がミスをしやすいところ」を突き止め、問題の解き方を工夫・改善する努力も欠かせない。

たとえば、掛け算の"うっかりミス"が多い人は、できるだけミスを避ける方法を考えて計算すればよい（p.31参照）。

基本的に、「慣れ」からくるケアレスミスには一定のパターンがある。早い話、多くの受験生が同じような"うっかりミス"で自滅しているのである。1章では、それを明らかにしながら改善策を授けよう。

> ケアレスミスはなぜ起きる？ 2

明らかなイージーミスを
その場で気づけない理由

原因 2 》思い込み
No More Careless Mistakes!

■脳への"誤入力"はしばしば起こる

「約束の時間を間違えて、相手を怒らせてしまった」
「試験範囲を思い違いしていて、テストがボロボロだった」
勘違いによる失敗は誰にでもある。私もときどきやってしまう。
自分では「ちゃんと確認した」「たしかにそう聞いた」と思っている。ところが実際は、誤ったことが「正しい情報」として脳にインプットされ、間違いが発覚するまでまったく気づかないのだ。
テストでも、この手の「思い込みによるミス」が頻発する。

■思い込みによるミスは防ぎにくい

「問題文の意味を勝手に解釈して答えを間違えた」
「見直したはずなのに、単純ミスを見逃していた」
これらのミスがやっかいなのは、その場で間違いに気づきにくいことである。脳がいったん「正しい」と判断してしまうと、それと相反する情報を拾う"アンテナ"

模試デビュー

の感度がめっきり鈍くなるからだ。

恋愛もこれと似たところがある。

誰かを好きになると、その人のことばかり考えてボーッとしたり思い悩んだりして、周囲のことが目に入らなくなる。いったん好きになると、「あばたもえくぼ」で相手の欠点さえ長所に見えてくる。

情報の偏り、都合のいい解釈、勝手な思い込み…。恋愛ならそれも仕方がないが、試験でこれはアウトだ。

■ "脳のフリーズ"を解凍するテクニック

思い込みによるミスも、見直しによって減らすことはできる。ただ、思い込みが強いほど、肝心な箇所で"疑う思考"が働かず、見直しをしてもミスを発見できないことが多くなるので注意したい。

たとえば、計算途中でうっかり「3×2＝5」とやってしまった。このときの脳は、「3×2」を「3＋2」だと完全に見誤っている。その状態のまま"固まった脳"で見直しをしても、なかなかミスを発見できない。

ミスに気づくには、いったん脳をリセットする必要がある。誤った情報がインプットされる前の、ニュートラルな状態に脳を戻すのである。

それには、別の角度からも問題を検討してみるとか、ちょっと時間を置いてから見直しをしてみるなど、「フリーズした脳を解凍する」ちょっとした心がけやテクニックが必要になってくる。

こうしたテクニックについては、２章で紹介していきたい。

> ケアレスミスはなぜ起きる？ 3

焦るとミスる人、焦ってもミスらない人

原因 3 》緊張・焦り
No More Careless Mistakes！

■「緊張のしすぎ」が脳の働きを低下させる

「模試を受けているときは、普段よりも集中力が出る」

これには脳内の物質が関係している。人間は、緊張すると脳内でノルアドレナリンという神経伝達物質が分泌される。それによって心拍数や血圧が上昇し、神経が鋭敏になって集中力が増す。いわゆる"戦闘モード"である。

「時間が足りずに焦りまくって、簡単な基本問題を落とした」

ところが、ノルアドレナリンが過剰に分泌されると、情報の混乱が起きて、逆に思考力や判断力が低下する。極度に焦ったりあがったりして、「頭の中が真っ白になってしまう」状態がまさにそれである。

■「焦ってもミスをしない」ためには…

人間は、適度な緊張状態にあるときに、能力を最大限に発揮できると言われている。多少の焦りやプレッシャーは、実はミスを減らす方向に働く。

問題は、緊張のしすぎや焦りすぎによって、パニックを起こしてしまうことだ。

それを防ぐ知恵やノウハウを持っているかどうか。ここが、「焦るとミスる人」と「焦ってもミスらない人」の大きな違いである。

　プロのスポーツ選手の中には、どんなに厳しい状況下でも最高のパフォーマンスを発揮できるように、専門のコーチの下でメンタルトレーニング（心の訓練）を積んでいる人が少なくない。

　こうした心のトレーニングは、本番であがりやすい受験生にも有効だろう。たとえば、緊張でガチガチになっているときは、今までで一番笑ったことを思い出してみる。そんなことでも気持ちに余裕ができる。

　ただ、あがりを防ぐアドバイスは別の機会に譲ろう。

■ミス防止のスキルアップで心も強くなる

　極度の緊張や焦りからくるミスを技術的に防ぐ、つまり、解き方を工夫・改善することによって回避する。それを、この本では追究していきたい。

　たとえば、時間に追われて焦っているときは、手早く問題を処理しようとするあまり、設問文の条件を見落としやすくなる。あるいは、強引な計算に持ち込もうとしてミスをする確率が高くなる。

　このような状況を想定し、緊張や焦りからくるミスを未然に防ぐ技術やノウハウを身につけておけば、それが安心材料となって、試験本番での過度な緊張を防ぐ効果も期待できる。

　ミス防止のスキルに磨きをかけることが、ある意味でメンタルトレーニングにもなるわけである。ずばり、これが３章のメインテーマだ。

> ケアレスミスはなぜ起きる？ 4

整理されていない頭で走り出すのは危険！

原因 4 》見切り発車
No More Careless Mistakes!

■蓋を開けてみるまで分からない

　レシピを見て作った料理が不味かったとする。「このレシピ、全然ダメだ」と思うか、「あれ、何か間違えたかな」と考えるか。キミはどちらだろう。

　もし、別の人がそのレシピで同じ料理を作ったとき、やっぱり不味ければレシピに問題がある可能性が高い。しかし、それで美味しくできた場合は、前の人がどこかでミスをしたと考えたほうがよさそうだ。

　料理の味は、食べてみるまで分からない。テストも同じ。「できた！」と思っていても、模範解答を見るまで結果は分からない。そこが恐いところだ。

■最初が肝心、情報の入力・整理は慎重に！

　問題を解くプロセスには、大きく3つの段階がある。
　　①問題の意図を把握する〔情報の入力・整理〕
　　②解き方の方針を考える〔思考・推論〕
　　③方針に沿って正答を導く〔情報処理・操作〕

画竜点睛を欠く

この一連のプロセスの中の、一箇所でもミスがあると正答が出ない。中でも気をつけたいのが、最初の「問題の意図を把握する」段階だ。

　問題文からの情報をきちんと整理しないまま、「ま、こんな感じだな」と思って"見切り発車"で解き始めると、思わぬところでミスをしやすい。料理で言えば、レシピを適当に読み流して作り始めるのと同じだ。

　「距離〔m〕を求める問題で、単位を〔km〕と書いてしまった」
　「直角三角形であることに気づかず、複雑な面積計算をしてミスった」
　「確率を求めるのに、1より大きい答えが出ても不思議に思わなかった」

　料理の場合は、あらかじめ食材や調味料をすべて目の前に用意し、段取りを頭の中で整理してから作り始める。こうすれば、つまらない間違いや勘違いを防げる。それと同じことを、普段の勉強でも心がけてほしい。

■「ボタンの掛け違い」を防ぐ情報処理術

　"見切り発車"によるミスは、問題の意図を理解するプロセスでの"些細な混乱"が元になりやすい。「何かひとつ情報が抜けている」とか「余計な情報に惑わされる」など、本当にちょっとしたことなのだ。

　まずは、設問で与えられた情報を慎重に読み取る。そこから「求めるべきもの」をより具体的に、できればビジュアル化（目に見える形に）して把握する。これがミス防止のキモだ。求められるのは「情報整理力」である。

　4章では、特に最初の段階で「ボタンの掛け違え」をしないための、実戦的な情報処理術を伝えたい。

> ケアレスミスはなぜ起きる？ 5

疲れた脳にやさしく、ミスには厳しく！

原因 5 》疲労・集中力低下
No More Careless Mistakes !

■集中力の持続には限界がある

パソコンのデータ入力の作業時間とミス発生率の関係を調べた研究によると、連続作業時間が50分を超えるとミスの発生率が急激に増加することが分かった（右図参照）。

集中力が持続する時間には個人差があり、作業内容によっても違う。勉強や試験の場合、経験的には80～100分くらいだろう。それでも後半は疲れてミスをしやすくなる。

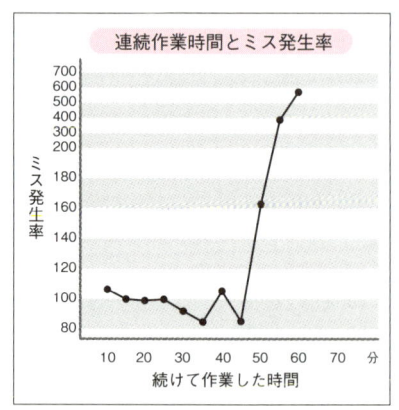
連続作業時間とミス発生率

■疲れてきたと思ったら…

疲労によるミスを減らす試みとして、
「入力作業を50分間続けたら10分の休憩をはさむ」
「午前10時と午後3時に"おやつタイム"を設けて一斉に休憩する」

疲労回復のツボ

＊玉枕（ぎょくちん）…目の疲れに効くツボ

＊天柱（てんちゅう）…快眠、熟睡のツボ

などを徹底している職場があり、実際に効果を上げていると聞く。

家で勉強するときも、疲れたときの休息や栄養補給は有効だ。ただ、残念ながら試験中にはそれができない。では、「根性で頑張る」「気力で乗り切る」しかないのかと言うと、そんなことはない。

さすがに、試験中にのんびり休息など取っていられない。しかし、ちょっとした気分転換ならできる。たとえば、座ったまま手や足を伸ばすストレッチ運動をするだけでも、凝り固まった身体や頭がスッキリする。

■"脳の気分転換"でミスを防ぐ

試験中に疲れを感じたとき、こうした軽い運動のほかに「頭を働かせながら脳を休ませる方法」がある。

たとえば、難しい問題を前にしてウンウン唸っているとき、そのまま考え続けてヒラメキが生まれるかと言うと、私の経験では何も出てこないことの方が多い。こういうときは、問題を"一時棚上げ"してみる。

それまで解いた問題を見直すなり、別の問題を解くなりしたあと、もう一度難問に戻ってチャレンジするのだ。そうすると、意外と簡単に「あ、そういうことか！」と解答の糸口を発見できることがよくある。

ひとつのことだけに集中しすぎると、脳が疲れてきて思考力が低下する。そこで別の作業をすることで、脳をリフレッシュさせるわけである。

このような"脳の気分転換"は、疲労、集中力低下によるミスを防ぐのにも活用できる。詳しくは5章でお話ししよう。

> ケアレスミスをどう防ぐ？

今日からさっそく実践！
ミス撲滅への3つの対策

対策 》ミスと対話する
No More Careless Mistakes !

■自分のミスと謙虚に向き合う

　ここまで、ケアレスミスの原因を5つ挙げてきた。それぞれ思い当たるフシがあるだろう。ただ、原因が分かっただけで、ミスがなくなるわけではない。ミスを減らせるかどうかは、この先のちょっとした努力にかかっている。

　まず、自分のミスと謙虚に向き合い、自分に特有のミスを把握する。同じミスをくり返さないための方策を考え、日々の勉強やテストで実践する。

　たったこれだけのことで、ケアレスミスは飛躍的に減らせる。具体的には、次の3つの対策を徹底してほしい。もちろん、科目は問わない。

《対策1》凡ミスによる失点を明記する

　普段の勉強で答え合わせをしたとき、学校のテストや模試の答案が返ってきたとき、真っ先に「ケアレスミスで何点落としたか」を調べよう。その合計を、目立つように赤字で書き込む（右図参照）。

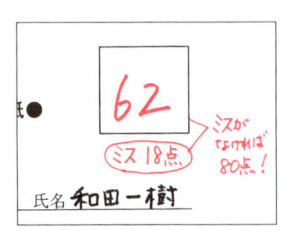

知らぬが仏

「つまらないミスでどれだけ損をしているのか」を強く意識し、自分を戒めるためだ。その悔しさが、ミス撲滅のモチベーションとなる。

《対策2》ミスした問題は必ず解き直す

ケアレスミスで落とした問題を見直したとき、「次からは気をつけよう」と思うだけで、それほど重く受け止めない人が多い。これではミスは減らない。

どんなに些細なミスでも、間違えた問題は必ず自分の手で解き直す。それによって、自分に特有のミスのパターンや弱点が見えてくる。

ミスをした箇所とじっくり向き合い、「なぜこんなミスをしたのか」「どうすれば防げたのか」など、さまざまな角度から考える。自分のミスと対話し、解決策を引き出すための重要なプロセスだ。

《対策3》「ミスらんノート」を自作する

「二度と同じミスをしないために、どうすればよいか」を考えたら、それを文字にして頭に焼き付け、毎日の勉強で実践して身体に染み込ませていく。これだけのことで、ケアレスミスは劇的に減っていく。

そのために作ってほしいのが「ミスらないためのノート」、略して「ミスらんノート」だ。作成法とサンプルを24〜27ページに掲載した。1章以降の具体的なミス防止策も参考に、さっそく作ってみよう。

このノートは常に手元に置き、ヒマさえあれば目を通す。普段の勉強で、学校の定期試験や模試で、その効果を肌で実感してほしい。

これさえ作れば 確実に点が取れるようになる！

「ミスらんノート」作成マニュアル

手順1　ミスした箇所に印をつけ、原因や感想などを記す

家庭学習のノート

(2) $(x+2)(x-3)$
　　$= x^2 - x \boxed{-5}$　　$2×3=5$とカン違い、なにげにやる。

(3) $(3a-b)(3a+2b)$
　　$= 9a^2 + 3ab - 2b^2$

定期テストの答案

$3x^2 - 6x + 5 > 2x^2 - x - 1$
$3x^2 - 2x^2 - 6x \boxed{-x} + 5 + 1 > 0$
$x^2 - 7x + 6 > 0$
$(x-1)(x-6) > 0$
　よって，$x < 1, \ 6 < x$

→ $+x$　移項ミス多すぎ！

手順2　ミスを防ぐ方法を考える

$= x^2 - x \boxed{-5}$　$2×3=5$とカン違い、

2と3を見たら、ゆっくり落ち着いて計算、見直しも絶対する！

$3x^2 - 2x^2 - 6x \boxed{-x} + 5 + 1 > 0$
→ 移項ミス！

移項した直後に、正負の逆転をしっかり確認してから次へ！

手順3　「ミスらんノート」に要点を記載する（次ページ参照）

＊専用のノートを別途用意する(罫線の幅は7mmの「A罫」を推奨)

ミスらんノート ●基本タイプ ❸つのポイント

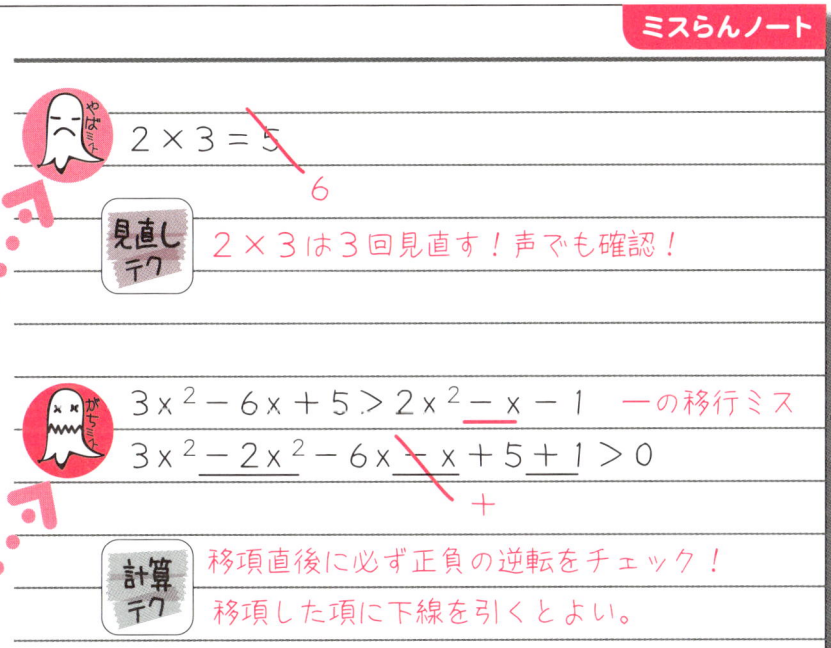

Point ❶ "ミスの程度"を判断してシールを選択する

ミスの程度(キズの深さ)を自分で判断し、該当する「ミスICON」(巻末特別付録2)を選んでノートに貼る。

→ p.28「シールの使い方」参照

Point ❷ ミスした部分だけを書き写す

ミスした部分を、「ミスICON」の脇に書き込む。全部書くと手間がかかるので、「どこをどうミスったか」が分かる部分だけを書き写し、赤字でミスを添削する。

Point ❸ 「対策」を赤字で簡潔に書き込む

該当する「対策ICON」(p.28参照)を貼り、その脇にミスを防ぐための具体的な方法を赤字で簡潔に書き記す。気づいたことがあれば付記する。

ミスらんノート ● 応用サンプル1

普段使いノート活用編

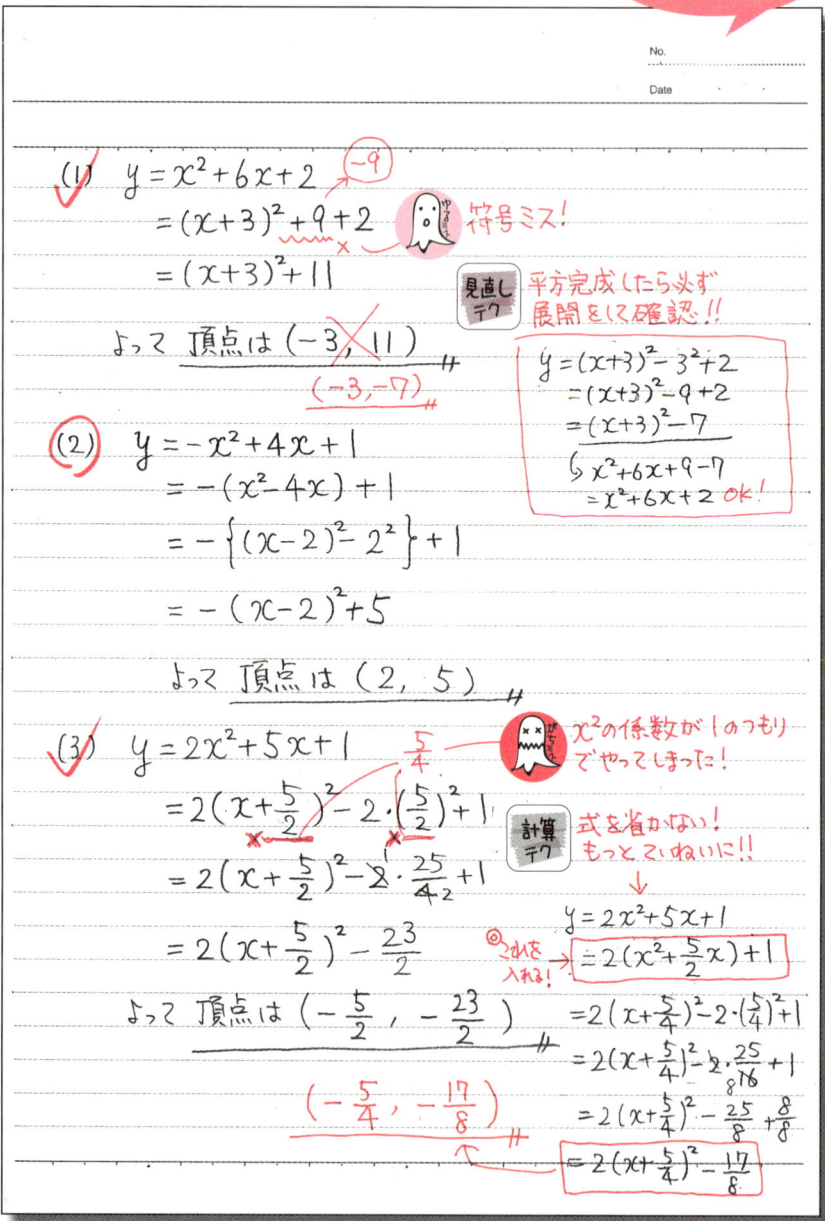

ミスらんノート ● 応用サンプル 2

前期中間考査　数学 I・A

＿＿＿組＿＿＿番

氏名＿＿＿＿＿＿＿＿＿＿

57

1　$\cos 170° - \cos 100° + \sin 80° - \sin 10°$ の値を求めよ。

（15点）　**15**

$$(与式) = \cos(180° - 10°) - \cos(90° + 10°) + \sin(90° - 10°) - \sin 10°$$
$$= -\cos 10° - (-\sin 10°) + \cos 10° - \sin 10°$$
$$= 0$$

A. 0

$\cos(180° - \theta) = -\cos\theta$
$\cos(90° + \theta) = -\sin\theta$
$\sin(90° - \theta) = \cos\theta$

2　△ABC において、AB=5, AC=7, ∠A=120° のとき、BC の長さを求めよ。

（15点）　**0**

余弦定理より、

$$BC^2 = 5^2 + 7^2 - 2 \times 5 \times 7 \times \cos 120°$$
$$= 25 + 49 - 35$$
$$= 39$$

BC > 0 より
$BC = \sqrt{39}$

計算ミス！
$-2 \times 5 \times 7 \times (-\frac{1}{2})$
$= \pm 35$

改善！ $BC^2 = 5^2 + 7^2 - 2 \times 5 \times 7 \times (-\frac{1}{2})$
とちゃんと書いて計算!!

A. $\sqrt{39}$

$BC^2 = 5^2 + 7^2 - 2 \times 5 \times 7 \times (-\frac{1}{2})$
$= 25 + 49 + 35$
$= 109$
BC > 0 より　$BC = \sqrt{109}$

$BC^2 = AB^2 + AC^2 - 2AB \cdot AC\cos\theta$

```
 25
 49
 74
-35
 39
```

```
 25
 35
 60
 49
109
```

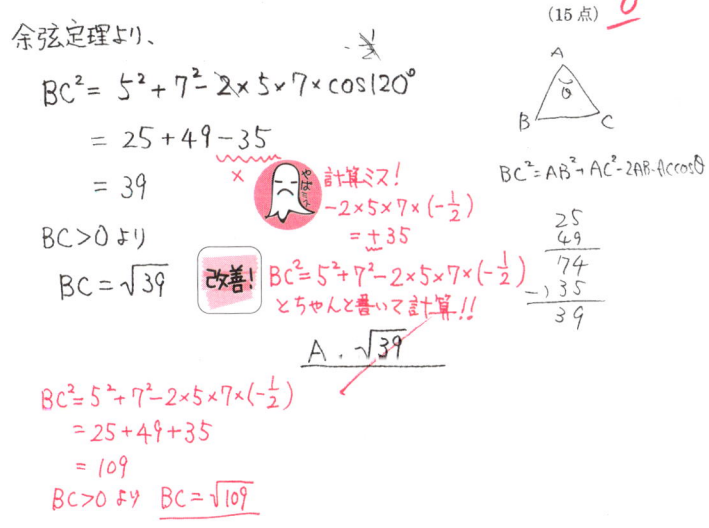

● 定期テストや模試の答案（問題）用紙も、「ミスらんノート」として活用できます。ただ、作りっぱなしでは意味がないので、きちんと保存して、定期的に見直すようにしましょう。

巻末特別付録2

「ミスらんシール」の使い方

巻末特別付録2には、下の6種類のシールが収納されています。
説明をよく読んで、「ミスらんノート」を作る際に活用してください。

❶ ミスICON "キズの程度"を自分で判断して選択する

▼ キズの程度　　▼ 判断基準・アドバイス

ゆるミス  ★☆☆ 浅　ミスの頻度は少なく気づきやすい。ちょっとした手当てや心がけで治せるが、放置しておくと「やばミス」に転化するので注意！

やばミス  ★★☆ 中　よくやるミス。気づきにくい。意識して対策に取り組む必要がある。放っておくとキズが深くなるので「早期発見・早期改善」が重要！

がちミス  ★★★ 深　パターン化してクセになっている固有のミス。再犯率が高く"集中治療"が必要。徹底した対策を講じて最優先で克服すべき！

❷ 対策ICON ミス防止策のタイプに合わせて選択する

改善！ 　　見直しテク 　　計算テク

従来と違う対策や　　　見直しの方法、　　　　計算の工夫、
改善策などを示す　　　テクニックなどを示す　　テクニックなどを示す

さっそく使ってみよう！

シールの使い方は、「作成マニュアル」「応用サンプル」（p.24～27参照）のほか、1～5章の本編も"実例集"として参考にしてください。自分なりのアイデアや工夫も取り入れて、日々の勉強に、テスト対策に、存分に活用しましょう！

1章 《油断・慢心》によるミスを防ぐ10の方法

すぐに役立つ！ Method 1 ▶ Method 10

この章のはじめに

「頭」と「手」を一緒に動かそう！

《油断・慢心》によるミスを防ぐ **10** の方法
How to Prevent Careless Mistakes

■「よくやるミス」の原因を突き止める

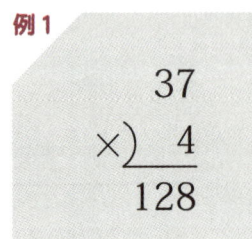

例1

自分がどんなところでミスをしやすいのか。まずは、それを突き止めないことには有効な防止策も見出せない。

たとえば〔例1〕の筆算を見てほしい。

4×7＝28の計算で繰り上がった十の位の「2」を抜かして計算したために、答えを間違えている。受験生が意外によくやってしまう"うっかりミス"である。

■「頭の中」だけで完結させない

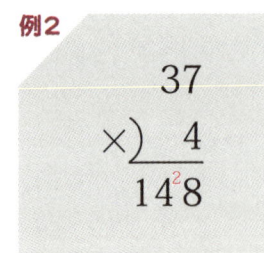

例2

〔例1〕のような"繰り上がりミス"を防ぐには、〔例2〕のように小さく「2」を書いておく。「ここで『2』繰り上がる」ということを忘れないためだ。

多くの人は、こうやって「頭＋手＋目」で繰り上がりを確認しながら筆算をしているだろう。ただ、暗算でもできそうな簡単な計算だと、油断や慢心から「手＋目」による確認を省いてしまうことがある。こうしたときが危険なのだ。

掛け算のケタ数が多くなると、"繰り上がり処理"の回数が増えてさらにミスをしやすくなる。基本的には、「頭＋手＋目」による確認を慎重に行うしかないのだが、それでもミスをする人は、繰り上がり処理そのものが弱点になっていると考えて対策を立てたい。

■ "ミスの地雷原" に近寄らない

〔例3〕の筆算を見てほしい。繰り上がり処理が合計で2回出てくる。単純な掛け算とはいえ、繰り上がりが連続して出てくると、頭の中で数字が飛び交って、どこかで"うっかりミス"をする確率が高くなる。

「苦手な処理はできるだけ避けて通りたい」。そう考えるところから工夫が生まれる。では、同じ計算を〔例4〕のように、ケタ数の大きい数字を下にして計算してみよう。なんと、繰り上がり処理が「0回」になる！

もちろん、どんな場合でも0になるわけではないが、少なくとも入れ換える前より繰り上がり処理の回数を確実に減らせる（各自試してほしい）。

こうした発想によるアイデアも含めて、この章では「油断・慢心」によるミス防止のノウハウやテクニックを紹介していきたい。基本は「頭と手を一緒に動かす」ことにある。

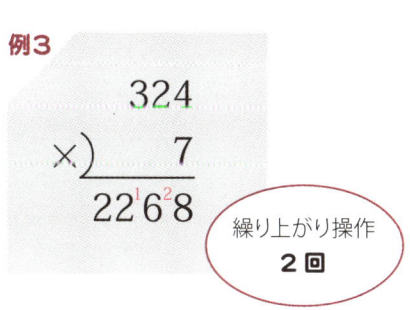

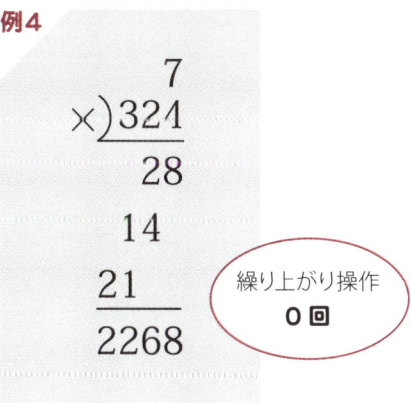

《油断・慢心》によるミスを防ぐ

Method 1 簡単な計算でも"途中式"を省かない

暗算に頼った"飛ばし"は危険

How to Prevent Careless Mistakes

■ "飛ばした式"で発生しやすいミス

　理数科目では、ケアレスミスのほとんどが計算プロセスで発生する。特に注意したいのは、「簡単だから暗算でも大丈夫」と油断して、途中式を書かずにすっ飛ばしてしまうケースだ。

　さっそく問題と答案例を見てみよう。ちなみに、これ以降で示す誤答例は、すべて実際の受験生の答案からとってきたもので、間違えた原因や改善策について赤字で指摘してある。

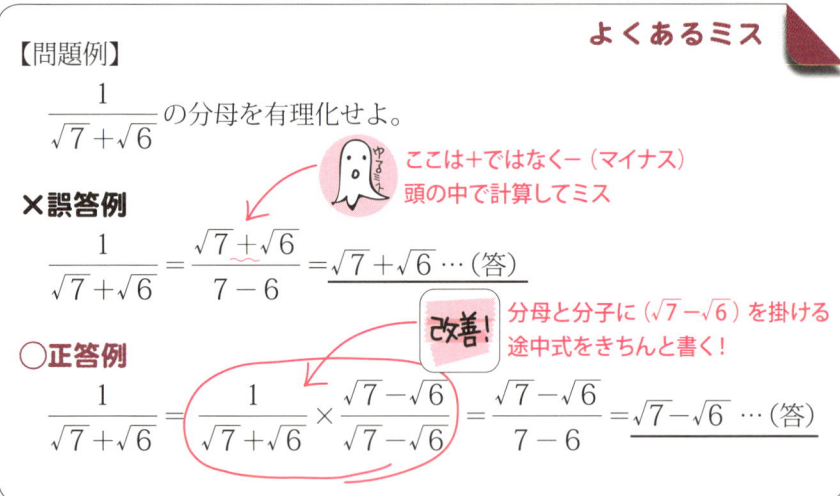

　これと同様の"途中式の飛ばし"によるミスは、数学ではすべての問題で発生する可能性がある。次ページに典型例を挙げるが、こうしたミスが多い人は、途中式をきっちり書く練習を普段からしておこう。

実践アドバイス ● この“ひと手間”でミスを防ごう！

【問題例】

2次方程式 $7x^2 - 13x + 6 = 0$ の実数解の個数を求めよ。

×誤答例

$$(\text{判別式}) = (-13)^2 - \underline{4\cdot7\cdot6}$$
$$= 169 - 178$$
$$= -9 < 0$$

よって、解は0個 …(答)

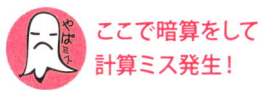

ここで暗算をして計算ミス発生！

○正答例

$$(\text{判別式}) = (-13)^2 - \underline{4\cdot7\cdot6}$$
$$= 169 - 168$$
$$= 1 > 0$$

よって、解は2個 …(答)

改善！ 余白に $4 \times 7 \times 6$ の途中式を書いて計算！

$4 \times 7 = 28$

$$\begin{array}{r} 6 \\ \times)\ 28 \\ \hline 48 \\ 12\ \ \\ \hline 168 \end{array}$$

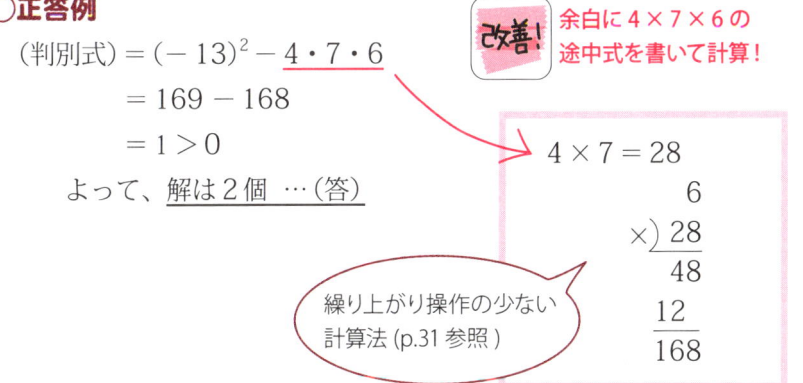

繰り上がり操作の少ない計算法 (p.31 参照)

NOTEPAD $11^2 = 121$, $12^2 = 144$, $13^2 = 169$, $14^2 = 196$, $15^2 = 225$, $16^2 = 256$, $17^2 = 289$, $18^2 = 324$, $19^2 = 361$ は暗記すべし！（p.97 参照）

ミス防止の3原則 Method 1

1. 安易に暗算に頼るな！
2. 簡単な計算だからこそ慎重に！
3. 頭の中だけで処理をせず、必ず途中式を書く！

《油断・慢心》によるミスを防ぐ

Method 2 指と声で安全確認、「式よーし」で出発！

指差呼称で"うっかり誤写"を防止

Advice to Prevent Careless Mistakes

■出発前の安全確認は「指差呼称」で！

簡単な問題のはずなのに、途中で行き詰まって手が動かなくなることがある。たとえば、次のようなケースだ。

よくあるミス

【問題例】

$3x^2 + 5xy - 2y^2 - x + 5y - 2$ を因数分解せよ。

✗誤答例

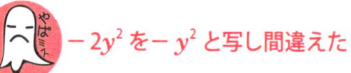　$-2y^2$ を $-y^2$ と写し間違えた！

$3x^2 + 5xy - y^2 - x + 5y - 2$
$= 3x^2 + (5y-1)x - y^2 + 5y - 2 = ?$

この場合、普通は「$-y^2 + 5y - 2$」がきれいに因数分解できるはずなのだが、どうしてもうまくいかない。「あれ、おかしいな？」と思ったときは、いったん冷静になって「問題の写し間違い」を疑ってみよう。

誤答例では「$-2y^2$」を「$-y^2$」と写し間違えている。こうした"うっかり誤写"を防ぐには、鉄道マンが励行する「指差呼称」が有効だ。

長い数式は小さく区切って書き写すのもコツ（次ページ参照）。写し終えたら元の式と照合し、合っていれば「式よーし」と呟いて出発進行！

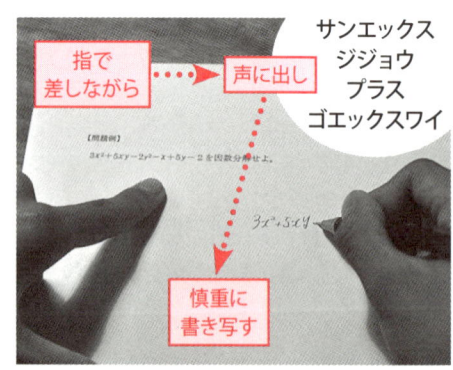

サンエックス
ジジョウ
プラス
ゴエックスワイ

実践アドバイス ● 長い数式は小分けにして書き写す

【問題例】
$3x^2 + 5xy - 2y^2 - x + 5y - 2$ を因数分解せよ。

✓CHECK IT OUT！

改善！

指で差し、声に出しながら小分けにして写す

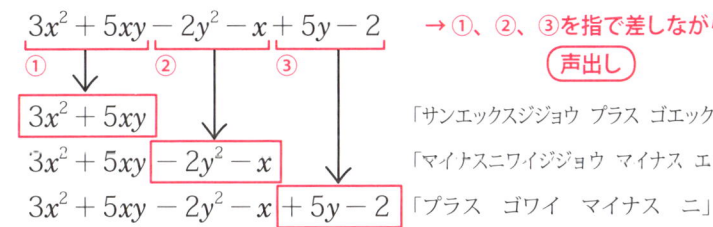

$3x^2 + 5xy \mid -2y^2 - x \mid +5y - 2$
① ② ③

→ ①、②、③を指で差しながら！

声出し

$3x^2 + 5xy$
$3x^2 + 5xy \; -2y^2 - x$
$3x^2 + 5xy \; -2y^2 - x \; +5y - 2$

「サンエックスジジョウ プラス ゴエックスワイ」
「マイナスニワイジジョウ マイナス エックス」
「プラス ゴワイ マイナス ニ」

○正答例

$3x^2 + 5xy - 2y^2 - x + 5y - 2$
$= 3x^2 + (5y-1)x - (2y^2 - 5y + 2)$
$= 3x^2 + (5y-1)x - (2y-1)(y-2)$
$= (x + 2y - 1)(3x - y + 2)$ …(答)

●余白で"たすきがけ"

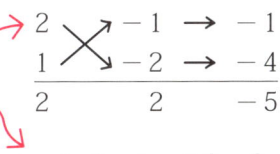

```
2   ╳  -1  →  -1
1      -2  →  -4
2       2     -5
```

```
1   ╳  2y-1      →  6y-3
3     -(y-2)     →  -y+2
3    -(2y-1)(y-2)   5y-1
```

NOTEPAD 答えを解答欄に記入するときも、"うっかり誤写"が起きやすいので注意。最初と最後は指差呼称による安全確認を確実に！

ミス防止の 3原則 Method 2

1. 長い式は小分けにして書き写す
2. 指で差し、小声で呟きながら照合する
3. 写し終えた式は、指差呼称で再チェック！

《油断・慢心》によるミスを防ぐ

Method 3 移項した直後の符号確認を徹底！

当たり前の作業だからこそ慎重に！
Advice to Prevent Careless Mistakes

■移した項を「下線＋✓印」でチェックする

　方程式や不等式を解くとき、式をまとめるために移項をする。中学の頃からさんざんやってきた"当たり前の作業"のはずなのだが、正負の逆転でミスをする人が後を絶たない。ある意味で「慣れ切ってしまった故のミス」であり、それだけに意外に傷は深いかもしれない。

　これを防ぐには、移項した直後の符号チェックを徹底するしかない。ただ、下のように暗算で移項するクセがついている人は要注意だ。途中式がないために、符号の確認がきちんとできないからである。

よくあるミス

【問題例】
　次の不等式を解け。
$$3x^2 - 6x + 5 > 2x^2 - x - 1$$

✕誤答例
$$x^2 - 7x + 6 > 0$$
$$(x-1)(x-6) > 0$$
　よって、$x < 1,\ 6 < x$ …（答）

> 右辺の $-x$ を左辺に移項するときに正負の逆転を忘れた！

　このような"移項ミス"を防ぐには、途中式をきちんと書き、移項した直後に元の式を見ながら符号チェックを行うとよい。その際、移した項に下線を引き、移項前の符号と逆であれば「✓印」を入れていくのが、より手堅い確認方法だ（次ページ参照）。さっそく習慣化して、移項ミスを撲滅しよう！

実践アドバイス ● 移項したら下線を引いて符号チェック！

【問題例】

次の不等式を解け。
$$3x^2 - 6x + 5 > 2x^2 - x - 1$$

✓CHECK IT OUT！

1. 移した項に下線を引く

   → $3x^2 \underline{-2x^2} - 6x \underline{+x} + 5 \underline{+1} > 0$

   [計算テク] 下線と「✓印」で移項ミスを防止！

2. 元の式（右辺）の符号と逆であれば「✓印」を入れる

   → $3x^2 - 6x + 5 > 2x^2 - x - 1$ （元の式）

   逆　逆　逆

   $3x^2 \underset{\checkmark}{\ominus} 2x^2 - 6x \underset{\checkmark}{\oplus} x + 5 \underset{\checkmark}{\oplus} 1 > 0$

○正答例

$3x^2 - 6x + 5 > 2x^2 - x - 1$
$3x^2 \underset{\checkmark}{-2x^2} - 6x \underset{\checkmark}{+x} + 5 \underset{\checkmark}{+1} > 0$
$x^2 - 5x + 6 > 0$
$(x-2)(x-3) > 0$　よって、$\underline{x < 2,\ 3 < x}$ …（答）

NOTEPAD　慎重に移項したい場合は、
$$3x^2 - 6x + 5 - (2x^2 - x - 1) > 0$$
のようにしてからカッコを外してもよい。

ミス防止の3原則 Method 3

1．移項直後の符号確認を励行！
2．移した項に下線を引いて符号チェック
3．定数や指数などの確認も忘れずに！

1章　〈油断・慢心〉によるミスを防ぐ　Method 3

《油断・慢心》によるミスを防ぐ

Method 4 使ったものから順に消していけ！

"使い忘れ"に気づく見直しテクニック
Advice to Prevent Careless Mistakes

■解答に足りない要素をチェック！

　設問で設定された条件を、うっかり使い忘れて点を失うことがある。典型的なのが、次のような整序問題だ。

よくあるミス

【問題例】
日本語の意味に合うように（　）内の語句を並べ換えよ。
　あなたは今までにこの本を読んだことがありますか。
　(read / book / you / have / this / ever)

×誤答例
Have you read this book?

　　　　　　　　　　　　　　　everが抜けている！

○正答例
Have you ever read this book?

　見て分かるように、誤答例では、指定語句のeverをうっかり抜いてしまった。意外に気づきにくいミスである。こうした見落としを防ぐには、自分の書いた答案を見ながら、次のように使った語句を消していくとよい。

　　(~~read~~ / ~~book~~ / ~~you~~ / ~~have~~ / ~~this~~ / ever)
「あれ？　everが抜けている。危ない危ない！」

　簡単なチェック法だが、漏れを防ぐには効果的で応用範囲も広い。たとえば、次ページのような和訳問題も、同様のチェックで余計な失点や減点を防げる。

実践アドバイス ● 訳した語句を消して"漏れ"を防ぐ！

【問題例】
次の英文を和訳せよ。
　People who lived near the water ate fish and also many other things they could catch there.

△解答例（修正前）
　水辺の近くに住んだ人々は、魚や、彼らが捕まえることのできる他のいろいろなものを食べた。

✔CHECK IT OUT！

見直しテク

元の英文を見ながら、"対応する語句"を消していく
「水辺の近くに住んだ人々は」
~~People who lived near the water~~ ate fish and also many other things they could catch there.
「魚や、彼らが捕まえることのできる他のいろいろなものを」「食べた」

~~People who lived near the water~~ ~~ate~~ ~~fish and~~ (also) ~~many other things they could catch~~ (there.)

「〜も」「〜もまた」

訳し忘れ発見！

○解答例（修正後）
　水辺の近くに住んだ人々は、魚や、彼らが<u>そこで</u>捕まえることのできる他のいろいろなもの<u>も</u>食べた。

ミス防止の3原則 Method 4

1. 整序問題や和訳問題は"漏れ"に注意！
2. 解答を書いたら、いったん見直しをする
3. 使った条件や語句を線で消していく

《油断・慢心》によるミスを防ぐ

Method 5 代入による確認をもっと活用しよう！

詰めの"ひと手間"でミスに気づく
Advice to Prevent Careless Mistakes

■ **代入確認のクセをつけてミスを減らせ！**

　方程式を解いたとき、出てきた答えを元の式に代入してみれば、合っているかどうかが一発で分かる。代入によるチェックは応用範囲が広いので、ぜひ使いこなしてほしい。たとえば、次のような問題もそうだ。

よくあるミス

【問題例】
次の2次不等式を解け。
$-x^2-x+6>0$

×誤答例

$-x^2-x+6>0$
$x^2+x-6<0$
$(x+3)(x-2)<0$ …①
よって、$x<-3, 2<x$ …（答）

範囲違い。正解は $-3<x<2$
$x=10$ や $x=100$ を①に代入すれば気づける！

　誤答例では、元の式の不等号の向き（＞0）に引きずられて、x の範囲を間違えている。グラフを描けばミスに気づけるのだが、慣れてくると面倒なので省略することも多い。そこで使いたいのが代入による確認だ。

　上の問題では、$x=100$（$2<x$ に合致）のような極端な数を①の x に代入してみると、明らかに成立しない（左辺＞0となる）。ここでミスに気づけば、答えを「$-3<x<2$」に訂正するだけで済む。代入による正誤判断は、恒等式や不等式全般で使えるので、使えるケースでは積極的に活用しよう！

実践アドバイス ● 簡単な整数を代入して正誤確認をしよう！

【問題例】
　$(3x+1)^3$ を展開して降べきの順に整理せよ。

✗ 誤答例（見直し前）

$(3x+1)^3 = (3x)^3 + 3(3x)^2 + 3\cdot 3x + 1$
$\qquad\qquad = 27x^3 + 9x^2 + 9x + 1 \cdots$（答）

$3\cdot(3x)^2$ を $9x^2$ とする計算ミス

✓ CHECK IT OUT！

$x = 0, -1, 1$ などの簡単な整数を代入してみる

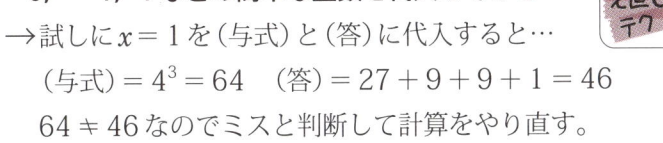

→試しに $x = 1$ を（与式）と（答）に代入すると…
　（与式）$= 4^3 = 64$　（答）$= 27 + 9 + 9 + 1 = 46$
　$64 \neq 46$ なのでミスと判断して計算をやり直す。

○ 正答例（見直し後）

$(3x+1)^3 = (3x)^3 + 3\cdot(3x)^2 + 3\cdot 3x + 1$
$\qquad\qquad = 27x^3 + 27x^2 + 9x + 1 \cdots$（答）

　　$x = 1$ を代入すると、$27 + 27 + 9 + 1 = 64 \rightarrow OK！$

NOTEPAD　2次関数の頂点を求める問題でも、出てきた数値が簡単な整数なら、元の式のxとyに代入して等号成立を確認しておくと安心！

ミス防止の3原則　Method 5

1. 方程式や不等式では代入確認が有効！
2. 恒等式では簡単な整数を代入してみる
3. 修正後の代入確認も忘れずに！

《油断・慢心》によるミスを防ぐ

Method 6 公式は「そのままの形」を書いてから数値を代入！

記憶は"目に見える形"にすべし！

Advice to Prevent Careless Mistakes

■慣れると危険な"公式適用"のミス

公式適用の問題では、最初のうちは公式を書き出してから慎重に計算する。ところが、慣れてくると公式を書くのが面倒になって、いきなり数値計算に持ち込もうとする。こうしたときに発生しやすいのが、次のようなミスだ。

よくあるミス

【問題例】

右の三角形において、∠Aの角度を求めよ。

×誤答例

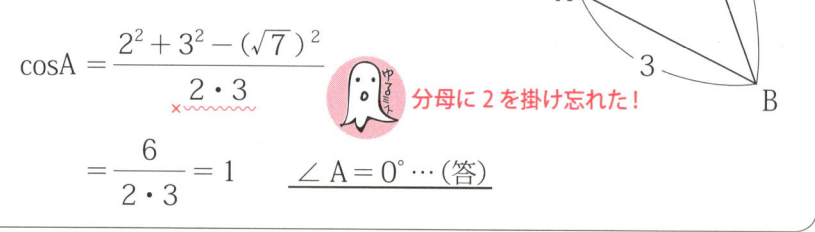

$$\cos A = \frac{2^2 + 3^2 - (\sqrt{7})^2}{2 \cdot 3}$$

分母に2を掛け忘れた！

$$= \frac{6}{2 \cdot 3} = 1 \quad \angle A = 0°\cdots(答)$$

上の問題では、∠A＝0°が出た時点で「あれれ？」となって見直しをするだろう。しかし、この手の単純なミスは意外に気づきにくい。試験で時間に追われているときはなおさらだ。

●余弦定理

$$\cos A = \frac{AB^2 + AC^2 - BC^2}{2 \cdot AB \cdot AC}$$

公式を書き出すくらい、たいした手間ではない。それでミスを防げるなら"安い出費"である。記憶している公式を、いったん"目に見える形"にしてから適用するのがミス防止のポイントとなる（次ページ参照）。

実践アドバイス ● 公式を書き出す手間を惜しむな！

【問題例】

右の三角形において、
∠Aの角度を求めよ。

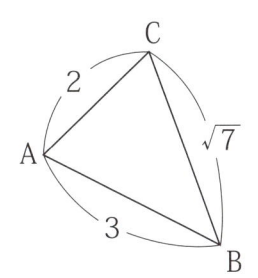

○正答例

$$\cos A = \frac{AB^2 + AC^2 - BC^2}{2 \cdot AB \cdot AC}$$

改善！ 公式を書き出してから数値を代入！

$$= \frac{3^2 + 2^2 - (\sqrt{7})^2}{2 \cdot 3 \cdot 2}$$

$9 + 4 - 7 = 6$ ← 余白で計算

$$= \frac{6}{2 \cdot 3 \cdot 2}$$

$$= \frac{1}{2}$$

図で確認！

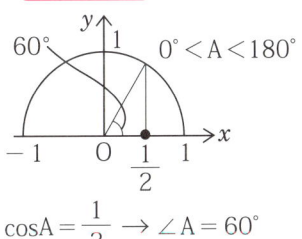

$0° < A < 180°$ より、 ← 条件を忘れず！
　∠A = 60° …（答）

$\cos A = \frac{1}{2} \rightarrow \angle A = 60°$

NOTEPAD 数値を代入するときは、公式と図を交互に確認しながら慎重に。「書きながら覚える」のは公式暗記のセオリーでもある。

ミス防止の3原則 Method 6

1. いきなりの数値代入は危険！
2. 公式を書き出してから解く習慣をつけよう！
3. 公式は「書きながら覚える」のがセオリー

1章 〈油断・慢心〉によるミスを防ぐ　Method 6

《油断・慢心》によるミスを防ぐ

Method 7 設問条件に印をつけ、確認サインで消す

条件の見落としを防ぐ確認ノウハウ
Advice to Prevent Careless Mistakes

■ "条件チェック"を確実に遂行(すいこう)しよう！

問題を解き終えたあとの見直しでは、計算式のチェックや検算が中心になりやすい。しかし、ここで絶対に忘れてはいけないのが、設問の条件を満たしているかどうかのチェックだ。

【問題例】

2次方程式 $ax^2-(2a+3)x+a=0$ が異なる2つの解をもつように定数aの範囲を定めよ。

よくあるミス

×誤答例

（判別式）＞0としなければダメ！

（判別式）$=(2a+3)^2-4\cdot a\cdot a=12a+9$

（判別式）$\geqq 0$ であればよいので、

$12a+9\geqq 0$ より、 $a\geqq -\dfrac{3}{4}$ …（答）

$4a^2+12a+9-4a^2$
$=12a+9$

$12a\geqq -9$
$a\geqq -\dfrac{9}{12}=-\dfrac{3}{4}$

誤答例には間違いがふたつある。ひとつは「異なる2つの解をもつ」という条件から、（判別式）＞0でなければならない。もうひとつは、$a=0$ のときは2次方程式にならないので、解答で $a\neq 0$ を明記する必要がある。

いずれも、設問条件を確認すれば防げたミスである。条件が複数ある場合は特に見落としやすい。そこで、設問文を読みながら「ここは重要！」と思った箇所に下線や印をつけ、条件を満たしていることを確認したら「✓印」で消していく。条件の"確認漏れ"を確実に防ぐノウハウだ。

実践アドバイス ● 条件チェックは「手と目」で漏れなく！

✓CHECK IT OUT！　　　　　　　　　　　〔見直しテク〕

1. 設問文の条件やポイントに下線や印をつける
2. 確認を終えた条件から「✓印」で消していく

【問題例】

<u>2次方程式</u> $ax^2 - (2a+3)x + a = 0$ <u>が異なる2つの解をもつ</u>ように定数 a の値を定めよ。

○正答例

（判別式）$= (2a+3)^2 - 4 \cdot a \cdot a = 12a + 9$

（判別式）> 0 であればよいので、

$12a + 9 > 0$ …①

$ax^2 - (2a+3)x + a = 0$ が2次方程式であるためには、

$a \neq 0$ …②

①、②を満たす a の範囲は、$a > -\dfrac{3}{4}$ かつ $a \neq 0$ …（答）

<u>2次方程式</u> $ax^2 - (2a+3)x + a = 0$ <u>が異なる2つの解をもつ</u>ように定数 a の範囲を定めよ。
✓　　　　　　　　　　　　　　　　　　　　　　✓

NOTEPAD　設問文に「2次方程式」や「2次関数」と書かれているときは、x^2 の係数が0でないことが前提なので、$a \neq 0$ の条件を必ず書く。

ミス防止の3原則　Method 7

1. 設問文の条件に下線や印をつけておく
2. 解き終えたら必ず条件を確認！
3. 確認済みの条件を✓印で消す

《油断・慢心》によるミスを防ぐ

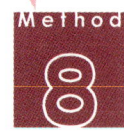

Method 8 自分で書いた条件はウザすぎるほど強調！

強調しすぎて損をすることはない

Advice to Prevent Careless Mistakes

■ **自分で設定した条件は忘れやすい！**

場合分けをして解答を導く問題では、出てきた答えが条件を満たしているかどうかのチェックを忘れやすい。次のような問題が典型例だ。

よくあるミス

【問題例】

$|x-2| = 3x$ を解け。

×誤答例

i）$x-2 \geqq 0$ のとき
$x-2 = 3x$
$-2x = 2$
×$\underline{x = -1}$ ← $x-2 \geqq 0$（$x \geqq 2$）の条件を満たさない！

ii）$x-2 < 0$ のとき
$-(x-2) = 3x$
$-4x = -2$
$x = \dfrac{1}{2}$

i）、ii）より、$x = -1, \dfrac{1}{2}$ …（答）

自分で場合分けをするときは、設定した条件を「書くだけで読まない」ために、意外に記憶に残りにくいのだ。機械的に場合分けをしていると、自分で条件を設定したことに気づかないことすらある。

そこで、自分で設定した条件は「分かりやすく目立たせて書く」ようにする。上の問題では「$x-2 \geqq 0$ すなわち $x \geqq 2$ のとき」と書かないと分かりにくい。さらに、「私はここで条件を設定したっ!!」と大声で叫ぶように、太字や囲み、番号などを駆使して条件を強調する。それくらいしてちょうどいい。

実践アドバイス ● イヤでも目につくように条件を強調！

【問題例】
  $|x-2| = 3x$ を解け。

○正答例

> 改善！ 自分で書いた条件は目立つようにする！

i) $x-2 \geqq 0$ すなわち $\boxed{x \geqq 2}$ のとき
  $x - 2 = 3x$
  $-2x = 2$
   $x = -1$ → $x \geqq 2$ を満たさないので不適。

ii) $x - 2 < 0$ すなわち $\boxed{x < 2}$ のとき
  $-(x-2) = 3x$
  $-x + 2 = 3x$
  $-4x = -2$
   $x = \dfrac{1}{2}$ → $x < 2$ を満たすので適。

i)、ii)より、$x = \dfrac{1}{2}$ …(答)

> **NOTEPAD** 絶対値を含む方程式や不等式のほか、2次関数の最大・最小や2次不等式の問題でもこの手のミスが発生しやすいので注意！

ミス防止の3原則

1. 「場合分け＝条件設定」を強く意識する
3. 自分で設定した条件は「とにかく目立つように」
2. 答えが出たら、真っ先に条件を照合する！

《油断・慢心》によるミスを防ぐ

Method 9 カッコを駆使して頭の中を整理しよう！

正負の逆転ミスを防ぐ工夫
Advice to Prevent Careless Mistakes

■ "危険地帯"はカッコを使って乗り越える

「頭にマイナスがついた式」の計算処理では、正負の取り違いが起きやすい。ここは、カッコを上手に使って乗り切ろう。下の問題では、分数式をわざわざカッコで括り、正負が逆転する場所を明確にしている。次ページの問題例では、大カッコの使用で「石橋を叩いて渡る」慎重な計算を行っている。

【問題例】

次の計算をせよ。

$$\frac{3a+b}{2} - \frac{a-b}{3}$$

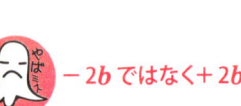

×誤答例

$-2b$ ではなく $+2b$

$$\frac{3a+b}{2} - \frac{a-b}{3} = \frac{9a+3b-2a-2b}{6} = \frac{7a+b}{6} \cdots (答)$$

○正答例

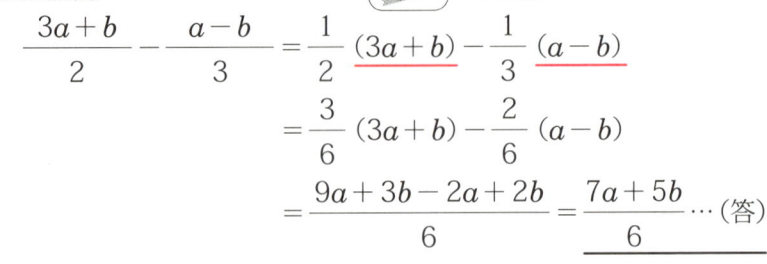

計算テク：カッコで括ってから計算！

$$\frac{3a+b}{2} - \frac{a-b}{3} = \frac{1}{2}(3a+b) - \frac{1}{3}(a-b)$$

$$= \frac{3}{6}(3a+b) - \frac{2}{6}(a-b)$$

$$= \frac{9a+3b-2a+2b}{6} = \frac{7a+5b}{6} \cdots (答)$$

実践アドバイス ● 大小のカッコを活用して慎重に計算!

【問題例】

$y = -2x^2 + 4x - 3$ の頂点の座標を求めよ。

×誤答例

$$y = -2x^2 + 4x - 3$$
$$= -2(x-1)^2 - 2\cdot 1^2 - 3$$
$$= -2(x-1)^2 - 5$$

よって、頂点の座標は $(1, -5)$ …(答)

> 頭の中で計算してミス!
> 正しくは「$+2\cdot 1^2$」

○正答例

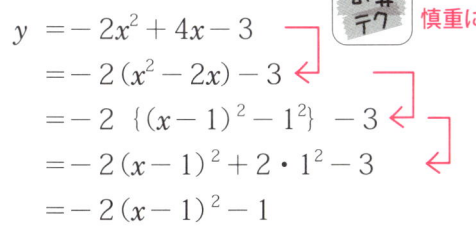

$$y = -2x^2 + 4x - 3$$
$$= -2(x^2 - 2x) - 3$$
$$= -2\{(x-1)^2 - 1^2\} - 3$$
$$= -2(x-1)^2 + 2\cdot 1^2 - 3$$
$$= -2(x-1)^2 - 1$$

よって、頂点の座標は $(1, -1)$ …(答)

> 小カッコ、大カッコを使って慎重に平方完成をする

NOTEPAD 慣れてくるとカッコを省いてもミスをしたくなるが、100パーセントの自信がないうちは面倒でも基本に忠実な"安全運転"を!

ミス防止の3原則 Method 9

1. 「頭にマイナスの式」を見たら要注意!
2. 分数式はあえてカッコで括り直してみる
3. 大カッコの活用で頭もスッキリ!

1章 〈油断・慢心〉によるミスを防ぐ Method 9

《油断・慢心》によるミスを防ぐ

Method 10 「イヤな分数計算」は、割り算の基本に戻る

「÷」の記号を用いて混乱を防ぐ！
Advice to Prevent Careless Mistakes

■迷ったら《分子÷分母》の形に書き直せ！

　分数式の計算が苦手な人は少なくない。分母や分子がさらに分数の形になっていると、一瞬、「あれ、どうするんだっけ？」と迷い、"お約束"のようなミスをしてしまうことがある。次の問題例を見てほしい。

よくあるミス

【問題例】
　右の図において、辺BCの長さを求めよ。

×誤答例

正弦定理より、

$$\frac{BC}{\sin A} = \frac{AB}{\sin C}$$

$$BC = \frac{AB}{\sin C}\sin A = \frac{2\sqrt{3}}{\sin 45°}\cdot\sin 60°$$

$$= \frac{\cancel{2}\sqrt{3}}{\frac{\sqrt{2}}{\cancel{2}}}\cdot\frac{\sqrt{3}}{2} = \frac{3}{2\sqrt{2}} = \frac{3\sqrt{2}}{4}\ \cdots\text{(答)}$$

約分できない！

　誤答例では、分母と分子の「2」を約分できるものと勘違いしてミスをしている。ちょっとでも不安に思ったら、いったん《分子÷分母》に直し、そのあとで「分母の逆数を掛ける」形にして計算する方が確実だ（次ページ参照）。

実践アドバイス ● 複雑な分数は「割り算」に直せ！

【問題例】

右の図において、辺BCの長さを求めよ。

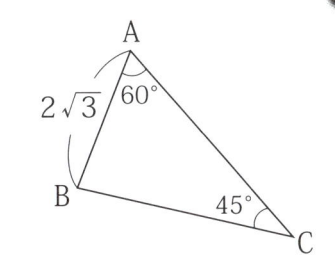

○正答例

正弦定理より、

$$\frac{BC}{\sin A} = \frac{AB}{\sin C}$$

$$BC = \frac{AB}{\sin C} \sin A = \frac{2\sqrt{3}}{\sin 45°} \cdot \sin 60°$$

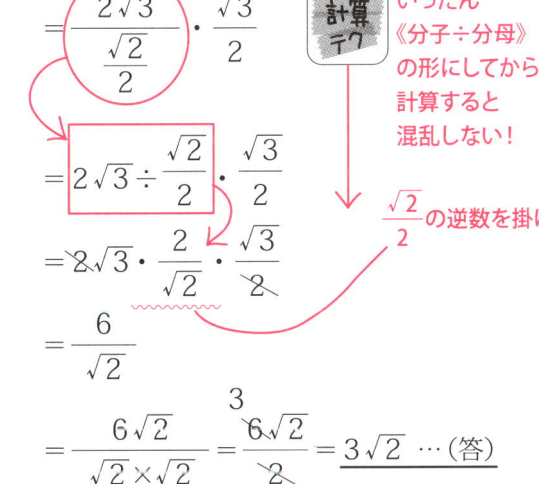

$$= \frac{2\sqrt{3}}{\frac{\sqrt{2}}{2}} \cdot \frac{\sqrt{3}}{2}$$

計算テク：いったん《分子÷分母》の形にしてから計算すると混乱しない！

$$= 2\sqrt{3} \div \frac{\sqrt{2}}{2} \cdot \frac{\sqrt{3}}{2}$$

$\frac{\sqrt{2}}{2}$ の逆数を掛ける

$$= 2\sqrt{3} \cdot \frac{2}{\sqrt{2}} \cdot \frac{\sqrt{3}}{2}$$

$$= \frac{6}{\sqrt{2}}$$

$$= \frac{6\sqrt{2}}{\sqrt{2} \times \sqrt{2}} = \frac{6\sqrt{2}}{2} = 3\sqrt{2} \quad \cdots （答）$$

ミス防止の3原則 Method 10

1. "分数の混じる分数"は安易に約分しない
2. 迷ったら《分子÷分母》に書き直せ！
3. 分母が分数なら《分子×分母の逆数》に！

「ミスしない体質」を作る ちょっとした習慣術 ①

消しゴムを使わないようにしよう！

●「ミスの現場」は大切に保存する

　事件が起きたとき、警察が真っ先に行うのは「現場の保存」である。部外者の立ち入りを禁止し、事件解決の手がかりとなる証拠品の押収に全力を挙げる。ミスを防ぐにも、まずは「ミスの現場」を押さえることが重要だ。しかし、せっかくの"証拠品"をためらいもなく消してしまう人がいる。

　「あ、間違えた」（ゴシゴシ）

　「いかん、また間違えた」（ゴシゴシ）

　「ん～、どうも違うな…」（ゴシゴシ）

　消しゴムはたしかに便利な文房具だが、ミス防止の観点からすると「余計なことをしてくれるな！」である。自分が「どこでどんなミスをしたのか」が分からなくなってしまうからだ。

　そこで、普段の勉強では、極力消しゴムを使わないようにしよう。たとえば、計算ミスをしたら赤字で線を引いて×印をつけ、その下の行で計算をやり直す。英語の予習で和訳を間違えたときは、消して書き直すのではなく、間違えた部分を赤字で添削する…。とにもかくにも、「現場の保存」が第一！

　では、今日の勉強からさっそく実践だ。筆箱から取り出すのは筆記用具のみ。消しゴム君にはしばらくの間、奥で休んでいてもらおう。

2章

《思い込み》による ミスを防ぐ10の方法

使って安心！ Method 11 ▶ Method 20

この章のはじめに

「別の視点」からも検討しよう！

《思い込み》によるミスを防ぐ10の方法
How to Prevent Careless Mistakes

■「7」で自滅した友人のミス克服法

　私の高校時代のクラスに、掛け算九九の「七の段」を苦手にする友人がいた。いつも間違えるわけではないのだが、ときどき、本当に無意識に「7×3＝27」とか「7×6＝48」などとやってしまうクセがあるのだ。

　小さなミスはあまり気にしていなかった彼だが、ある模試でその悪いクセが出て、「あと3点」が足りずに「成績優秀者名簿」に名前が載らなかった。これが相当悔しかったらしい。

　それ以来、彼は「7」を徹底的にマークしてミスを克服した。

■"逆順"の検算でミスに気づく

　その方法だが、普通に計算をやり直すのではない。〔例1〕を見てほしい。このミスをした直後の脳は「シチロクシジュウハチ」の"思い込み"に強く囚われているので、すぐに見直しをしてもミスに気づきにくい。

　おそらくそれを知っていたのだろう、こうしたとき、彼はその場で〔例2〕のように計算順を逆にして、「ロクシチシジュウニ」と素早く検算する習慣をつけたのだ。数値が同じならよいが、違っていれば「あれ、おかしいぞ？」となって慎重に計算をやり直す。なかなか賢い工夫だ。

例1

$7 \times 6 = 48$

シチロク シジュウハチ

例2

$7 \times 6 = 48$

ロクシチ シジュウニ

「あれ？」

$48 \neq 42$

「ミスしている！」

■視点を変えて思い込みを封じる！

　人間はある思い込みに強く囚われると、別の物の見方ができなくなる。この心理を利用したものに「だまし絵」（トリックアート）がある。

　たとえば、右の絵が「帽子をかぶった若い女性」に見えている間は、それ以外のものは見えてこない。しかし、ちょっと見方を変えると「老婆」が現れ、「若い女性」は消える（どうしても老婆が見えてこない人は、友人に絵を見せて一緒に考えてもらおう。実は猫も一匹隠れている…）。

　「思い込みによるミス」をこの絵になぞらえて言うと、「若い女性」か「老婆」の一方しか見えていない状態と考えてよい。だまし絵には正解も不正解もないが、テストではどちらかが正しく、どちらかが間違っている。

　〔例２〕の"逆順検算"も〔例３〕のような「符号換え検算」も、つまるところ「視点を変えてミスを防ぐ」ちょっとした工夫だ。この章で示すテクニックを参考に、キミたちも独自のノウハウを開発してほしい。

例3

$78 - 19 = 59$　→　検算　〔$59 + 19 = 78$になるか？〕　→ **OK！**

$168 \div 7 = 23$　→　検算　〔$23 \times 7 = 168$になるか？〕　→ **NG！**

$$168 \div 7 = 2\cancel{3}^{24}$$

《思い込み》によるミスを防ぐ

Method 11 出てきた式から元の式へ引き返す！

"Uターン検算"によるミス封じ

Advice to Prevent Careless Mistakes

■ 違うルートの検算でミスを防ぐ！

思い込みによるミスを防ぐには、「視点を変えた見直し」が有効だ。「次の式」から「前の式」に戻るチェック（"Uターン検算"と名付ける）もそのひとつで、2次方程式や2次関数の平方完成などでも活用できる。

よくあるミス

【問題例】
次の式を因数分解せよ。
$$6x^2 - x - 2$$

✗誤答例

$6x^2 - x - 2 = (3x + 2)(2x - 1)$ …（答）

＋と－が逆のミス

✓CHECK IT OUT！

見直しテク

$(3x + 2)(2x - 1)$ を展開して元の式と比べる

→ $(3x + 2)(2x - 1) = 6x^2 - 3x + 4x - 2$
$= 6x^2 + x - 2$ ← 元の式と違う！

○正答例

$6x^2 - x - 2 = (3x - 2)(2x + 1)$ …（答）

"Uターン検算"はあくまで「ミス発見の手段」なので、長い計算の場合は式の途中途中で活用したい。頭の中で素早く計算して元の式と比べ、同じならそのまま計算を続け、違っていたらそこからやり直せばよい（次ページ参照）。

実践アドバイス ● 長い式ではマメに"Uターン検算"を！

【問題例】
2次関数 $y=-\dfrac{1}{2}x^2-x$ の頂点の座標を求めよ。

○解答例

$$y = -\dfrac{1}{2}x^2 - x$$

$$= -\dfrac{1}{2}(x^2 - 2x) \xrightarrow{\text{展開}} -\dfrac{1}{2}x^2 + x$$

比較 → **NG!** ここでUターン検算

やり直し

$$y = -\dfrac{1}{2}x^2 - x$$

$$= -\dfrac{1}{2}(x^2 + 2x) \xrightarrow{\text{展開}} -\dfrac{1}{2}x^2 - x$$

比較 → **OK!** ここでUターン検算

$$= -\dfrac{1}{2}\{(x+1)^2 - 1\} \xrightarrow{\text{展開}} x^2 + 2x + 1 - 1$$

OK! ここでもUターン検算

$$= -\dfrac{1}{2}(x+1)^2 + \dfrac{1}{2}$$

したがって、頂点の座標は $\left(-1, \dfrac{1}{2}\right)$ …（答）

→ $x=-1, y=\dfrac{1}{2}$ を $y=-\dfrac{1}{2}x^2-x$ に代入して検算 → Method 5

ミス防止の3原則

1. ミス発見には「視点を変えた検算」が有効！
2. 「後ろから前」の"Uターン検算"を活用する
3. 長い式ではこまめな"Uターン検算"を！

《思い込み》によるミスを防ぐ

Method 12 問題用紙を回転して図形を眺めてみる

見る位置を変えて思い込みに気づく
Advice to Prevent Careless Mistakes

■図を見る位置を変えて勘違いを修正！

　図形の問題では、図形を見る角度によって勘違いをしやすい。下に示す誤答例は、教科書などで見慣れた図（右図参照）に引きずられて、「斜辺を b と思い込んでしまった」結果による"やばミス"である。

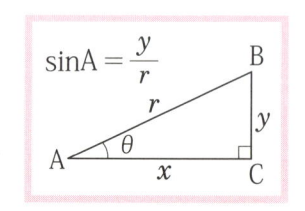

$$\sin A = \frac{y}{r}$$

【問題例】

　右の図の直角三角形で、$\sin A$ と $\cos A$ の値を a、b、c を用いて表せ。

よくあるミス

b が斜辺だと勘違いした

×誤答例

$$\sin A = \frac{a}{b}, \quad \cos A = \frac{c}{b} \cdots （答）$$

○正答例

$$\sin A = \frac{a}{c}, \quad \cos A = \frac{b}{c} \cdots （答）$$

改善！ 問題用紙を回転させる

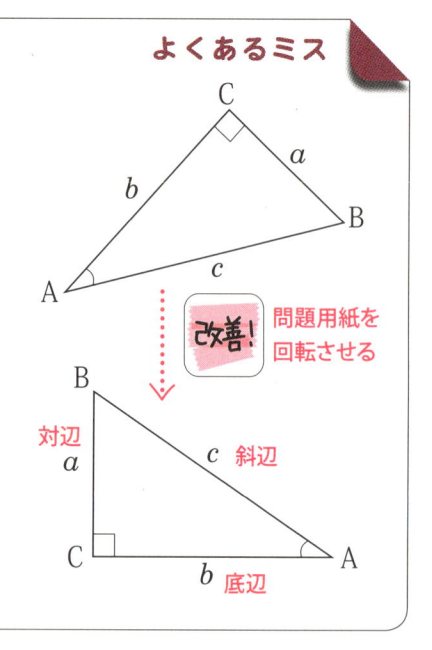

対辺 a　　c 斜辺　　b 底辺

　次ページの問題の誤答例では、AとBを取り違えている。三角形の左側にくる角（図ではB）の余弦定理が強くインプットされている人にありがちなミスだ。こうした場合、問題用紙を回転させて"A視点"から図形を見るとよい。

実践アドバイス ● 別角度から眺めて脳をリセット！

【問題例】

右の三角形において、Aの角度を求めよ。

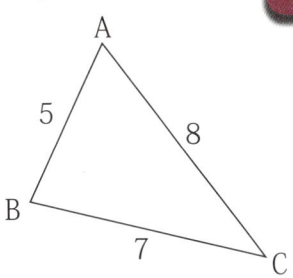

×誤答例

余弦定理より、

$$\cos A = \frac{5^2 + 7^2 - 8^2}{2 \cdot 5 \cdot 7} = \frac{10}{2 \cdot 5 \cdot 7} = \frac{1}{7} ?（行き詰まり）$$

（AとBを見間違えている）

✓ CHECK IT OUT！

問題用紙を回転させて"A視点"から図を眺めてみる（右図）

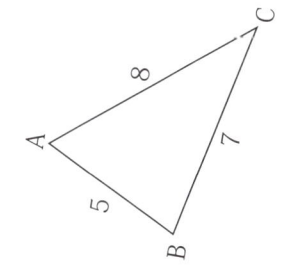

○正答例

余弦定理より、$\cos A = \dfrac{8^2 + 5^2 - 7^2}{2 \cdot 8 \cdot 5} = \dfrac{40}{2 \cdot 8 \cdot 5} = \dfrac{1}{2}$

$0° < A < 180°$ より

　$\underline{A = 60°}$ …（答）

NOTEPAD 上の誤答例のように途中で行き詰まってしまう場合は、計算ミスよりも先に、公式適用のミスを疑ってみたほうがよい。

ミス防止の3原則 Method 12

1. 直角三角形では斜辺の確定を優先する
2. 図形を別の位置からも眺めてみよう！
3. 不安なら定理を書き出してから代入する（Method 6 参照）

《思い込み》によるミスを防ぐ

Method 13 指数法則の混乱は、2と3の例で確認

その場で法則を導いて不安を一掃！

Advice to Prevent Careless Mistakes

■計算途中で混乱しがちな指数法則

いきなりだが、次の指数法則の空欄に何が入るか考えてほしい。

$$(a^m)^n = a^{\boxed{}} \cdots ① \qquad a^m a^n = a^{\boxed{}} \cdots ②$$

答えは①が「mn」、②が「$m+n$」だ。自信を持って瞬時に正答できればよいが、逆に答えた人や、一瞬でも「あれ、どっちだっけ？」と迷った人は注意する必要がある。計算途中で混乱して、ミスをする可能性があるからだ。

よくあるミス

【問題例】

次の計算をせよ。
$$(-2ab^2)^2 \times (-a^2b^3)^3$$

×誤答例

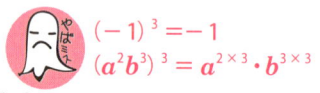

$(-1)^3 = -1$
$(a^2b^3)^3 = a^{2\times 3} \cdot b^{3\times 3}$

$(-2ab^2)^2 \times (-a^2b^3)^3 = 4a^2b^4 \times \underline{a^5b^6}_{\times}$
$= \underline{4a^7b^{10}} \cdots$（答）

誤答例では、ふたつのミスを犯している。ひとつは指数法則の混乱からくるもので、もうひとつは「マイナス」の不用意な扱いが原因のミスである。

指数法則が不安な場合、問題を解く前に、実際に具体的な数（2と3がよい）を使って「指数法則を確認する作業」を行ってほしい（次ページ参照）。マイナスの扱いに関しては、慣れないうちは次ページの正答例のように、カッコで括り出してから計算する方が安全だ（ミスをしなくなったら不要）。

実践アドバイス ● 簡単な数字で法則をチェックする！

【問題例】

次の計算をせよ。
$(-2ab^2)^2 \times (-a^2b^3)^3$

改善！ 2と3を使って指数法則をチェックしておく

✓CHECK IT OUT！

指数法則を確認してから計算する

→ $(2^3)^2 = 8^2 = 64 = \underbrace{2 \times 2 \times 2}_{8} \times \underbrace{2 \times 2 \times 2}_{8} = 2^6$ (3×2)

⇒ $(a^m)^n = a^{mn}$

→ $2^3 \cdot 2^2 = \underbrace{2 \times 2 \times 2}_{2^3} \times \underbrace{2 \times 2}_{2^2} = 2^5$ → $3+2$

⇒ $a^m a^n = a^{m+n}$

→ $(2 \cdot 3)^2 = 36 = 2^2 \times 3^2$

⇒ $(ab)^m = a^m b^m$

○正答例

$(-2ab^2)^2 \times (-a^2b^3)^3$
$= (-2)^2 a^2 b^4 \times (-1)^3 a^6 b^9$
$= 4a^2 b^4 \times (-a^6 b^9)$ → $a^2 \cdot a^6 = a^8, \ b^4 \cdot b^9 = b^{13}$
$= \underline{-4a^8 b^{13}} \cdots$ (答)

NOTEPAD カッコの中のマイナスの処理は、カッコの右上の指数が奇数ならそのまま（マイナス）で、偶数ならプラスに変えればよい。

ミス防止の3原則 Method 13

1. 指数法則は確実に暗記せよ！
2. 不安なら2と3で指数法則を導く！
3. カッコの中のマイナスの扱いは慎重に！

《思い込み》によるミスを防ぐ

Method 14 計算する前に概算値を出す

"あり得ない誤答"に気づく方法
Advice to Prevent Careless Mistakes

■ "見積もり"を取っておけば安心！

数値計算では、ときに「あり得ないような解答」が出てしまうことがある。ただ、普通に問題を解いているだけではミスに気づきにくい。そこで、問題によっては、計算をする前に"おおよその数値"（概算値）を出しておくとよい。計算結果が概算値とかけ離れていれば、「どこかでミスった！」と気づける。

よくあるミス

【問題例】

50gの水に2.5gの食塩を溶かした。この食塩水の濃度は何%か。小数第一位を四捨五入して答えよ。

×誤答例

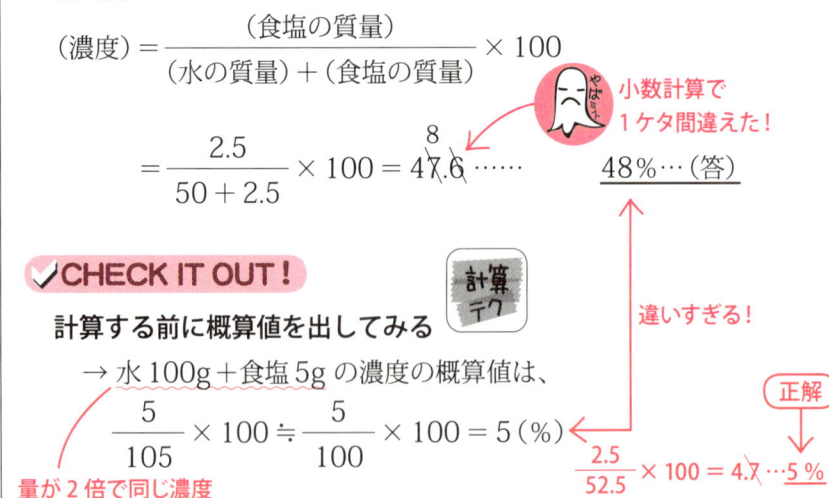

$$（濃度）=\frac{（食塩の質量）}{（水の質量）+（食塩の質量）}\times 100$$

$$=\frac{2.5}{50+2.5}\times 100 = 4\cancel{7}.6\cdots\cdots \quad \underline{48\%}\cdots（答）$$

小数計算で1ケタ間違えた！

✓ **CHECK IT OUT!**

計算する前に概算値を出してみる

→ 水100g＋食塩5gの濃度の概算値は、

$$\frac{5}{105}\times 100 ≒ \frac{5}{100}\times 100 = 5（\%）$$

量が2倍で同じ濃度

違いすぎる！

正解

$$\frac{2.5}{52.5}\times 100 = 4.\cancel{7}\cdots \underline{5\%}$$

実践アドバイス ● "見積り"を取ってから計算しよう！

【問題例】

右の三角形ABCにおいて、辺BCの長さを求めよ。

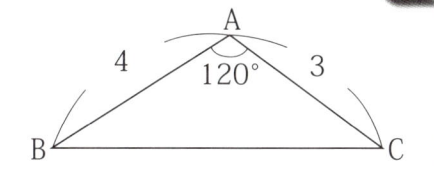

✗誤答例

余弦定理より、
$BC^2 = 4^2 + 3^2 - \underline{2 \cdot 4 \cdot 3 \cos 120°}$ ✗
$= 25 - 12 = 13$
$BC > 0$ より、$\underline{BC = \sqrt{13}}$ …（答）

$\cos 120° = \dfrac{1}{2}$ で計算してしまった！

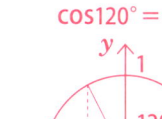

$\cos 120° = -\dfrac{1}{2}$

✓CHECK IT OUT！

最初にBCの長さを見積っておく
→「$\underline{4}$ より大きく $\underline{7}$ より小さい」…①
　　AB　　　　　AB + AC

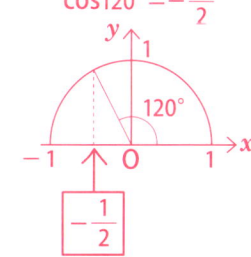

○正答例（誤答例の途中から）

$BC > 0$ より、$BC = \sqrt{13}$

$\Bigl[$ $BC = \sqrt{13}$ が①に矛盾しないかをチェック！
$3 < \sqrt{13} < 4$ より①と矛盾 → どこかでミスをした！ $\Bigr]$

$\cos 120° = \dfrac{1}{2}$ ではなく $-\dfrac{1}{2}$

よって、$BC^2 = 25 + 12 = 37$, $BC > 0$ より、$\underline{BC = \sqrt{37}}$ …（答）

$6 < \sqrt{37} < 7$ より、①と矛盾せず！

ミス防止の3原則 Method 14

1. 計算する前に概算値を出しておこう！
2. 計算結果を概算値と比べてミスの可能性を探る
3. 解き直したあとの答えも概算値と比較せよ！

《思い込み》によるミスを防ぐ

Method 15 "積極法"で選んだら、"消去法"でチェック！

頭を切り換えて選択肢を吟味する

Advice to Prevent Careless Mistakes

■ 出題者が仕掛けたワナを見破れ！

　英語や国語などの選択肢を選ぶ問題で、先頭の選択肢が「いかにも正しそう」というのがよくある。もちろん、本当に正しいこともあるが、出題者が仕掛けた巧妙なワナであることも多い。たとえば、次の問題を見てみよう。

> **よくあるミス**
>
> 【問題例】
> 次の英文の空欄に入る適切な語句を選べ
> A meeting will (　　) next Tuesday at 3 p.m..
> 　1　hold　　2　holding　　3　held　　4　be held
>
> ×誤答
> 　1　　《根拠》…助動詞の直後は動詞の原形がくるので
>
> 他の選択肢を検討していない！

　選択肢を選ぶ問題では、ふた通りのやり方（考え方）がある。ひとつは「正しい選択肢を探して解答する」という"積極法"、もうひとつは「間違いの選択肢を消して残ったものを解答する」、いわゆる"消去法"だ。

　積極法を用いる場合、最初の選択肢を見て「これが正しい！」と思うと、時間がもったいないので、すぐに次の問題に移りたくなるのが受験生の心情である。しかし、それがワナである可能性も考えなければならない。

　そこで、積極法で選択肢を選んだときは、念のため消去法でもう一度見直しをしておこう。頭を切り換えて選択肢を吟味することにより、広い視野で全体を眺め直す。それによって、思い込みによるミスに気づけることも多い。

実践アドバイス ● 積極法は消去法とセットで使え！

【問題例】

次の英文の空欄に入る適切な語句を選べ。

A meeting will (　　) next Tuesday at 3 p.m..
　1　hold　　　2　holding　　　3　held　　　4　be held

×誤答（見直し前）

<u>1</u>　…積極法による選択（前ページ参照）

✓CHECK IT OUT！

1. "積極法"で選んだら"消去法"でチェックする

   > 1　「これが正解でしょ？　たぶんOK」
   > 2　「助動詞の直後に〜ing はこない」×
   > 3　「過去（分詞）形のheldは助動詞のあとにこない」×
   > 4　「willのあとは原形のbeだ！」→有力候補

2. 消去法で残った1と4を改めて吟味する
   →英文の意味を考えると、「会議が開かれる」で受け身なので、4のbe held が正解（危なかった！）

○正答（見直し後）

<u>4</u>

ミス防止の3原則　Method 15

1. 選択問題は"ワナ"を想定して慎重に！
2. "積極法"だけで選ぶのは危険！
3. "積極法"と"消去法"は併用が原則！

《思い込み》によるミスを防ぐ

Method 16 "抽出チェック"で見直しを省力化！

危険箇所のピンポイント・チェック
Advice to Prevent Careless Mistakes

■ "1秒チェック"でミスを発見！

自分が「どういうところでミスをしやすいか」を自覚している人は、たとえば見直しをする場合にも、"危険箇所" だけを抽出してチェックすることで、見直しにかける労力や時間を減らすことができる。次の例を見てほしい。

よくあるミス

【問題例】

次の式を因数分解せよ。

$x^2 + 5x - 6$

×誤答例

$x^2 + 5x - 6 = \underline{(x-2)(x-3)}$ …(答)　完全な思い違い！

✓ CHECK IT OUT !

（見直しテク）

$(x-2)(x-3)$ の数字部分だけを計算（展開）する

→ $(-2) \times (-3) = 6$ …元の式の -6 と異なるので NG！

○正答例

$x^2 + 5x - 6 = \underline{(x+6)(x-1)}$ …(答)

このような部分的な見直しを "抽出チェック" と名付ける。抽出チェックの利点は時間がかからないことだが、一部分の妥当性しかチェックしていないので、これだけで全体の正誤まで判断できない点には充分注意してほしい。

実践アドバイス ● 弱点部分だけを抽出チェックする！

【問題例】

次の2次方程式を解け。
$9x^2 - 5x - 3 = 0$

○正答例

解の公式より、

$x = \dfrac{5 \pm \sqrt{25 - 4 \cdot 9 \cdot (-3)}}{2 \cdot 9}$

$= \dfrac{5 \pm \sqrt{123}}{18}$　　→ 答えを書く前に抽出チェック

✓ CHECK IT OUT !

見直しテク

ミスが多いルートの中だけ抽出チェックする

$25 - 4 \cdot 9 \cdot (-3) = 25 + 36 \times 3$
$= 25 + 108 = 133$

$x = \dfrac{5 \pm \sqrt{133}}{18}$ …(答)

```
  36        108
×) 3     +) 25
 108       133
```

123 はミスっていた！

NOTEPAD 解の公式の"ルートの中"は「判別式」でもあり、別の問題でも活用することが多いので慎重に再計算して損することはない。

2章 〈思い込み〉によるミスを防ぐ　Method 16

ミス防止の3原則 Method 16

1. 時間がないときは"抽出チェック"が有効！
2. 気になる箇所は"抽出チェック"で再計算する
3. 全体の正誤判断は解き直しや"Uターン検算"で！

《思い込み》によるミスを防ぐ

Method 17 "忘れそうな操作"は早めに処理してしまう

"うっかり忘れ物"を防ぐ計算技法
Advice to Prevent Careless Mistakes

■「忘れないつもり」で忘れてしまうミス

　計算に没頭しているうちに、ついつい「重要なこと」を忘れてしまうことがある。たとえば、下に示した誤答例がその典型例だ。「＝」をたくさん使って計算しているうちに、最初の式に書いた左辺の「$y-2$」が視界の中から消え、その処理（－2を右辺に移項する）を完全に忘れている。

よくあるミス

【問題例】
　放物線 $y=x^2-2x-5$ を x 軸方向に－3、y 軸方向に2だけ平行移動して得られる放物線の式を求めよ。

×誤答例
$$y-2 = \{x-(-3)\}^2 - 2\{x-(-3)\} - 5$$
$$= (x+3)^2 - 2(x+3) - 5$$
$$= x^2 + 6x + 9 - 2x - 6 - 5$$
$$= x^2 + 6x - 2x + 9 - 6 - 5$$
$$= x^2 + 4x - 2$$
よって、$y = x^2 + 4x - 2$ …（答）

左辺の $y-2$ の処理を忘れている！
－2を右辺に移項せず！

　こうした"忘却ミス"を防ぐには、「忘れそうな操作は、忘れないうちに処理する」ことが大切だ。上の誤答例では、左辺の－2をできるだけ早く右辺に移項してしまえばいいのだ（次ページ参照）。また、計算過程で「＝」を多用すると式がムダに長くなり、いっそう忘れやすくなるので注意しよう。

実践アドバイス ●"忘れそうなこと"は速攻で処理する！

【問題例】
　放物線 $y = x^2 - 2x - 5$ を x 軸方向に -3、y 軸方向に 2 だけ平行移動して得られる放物線の式を求めよ。

○正答例
　求める放物線の式は、

$$y - 2 = \{x - (-3)\}^2 - 2\{x - (-3)\} - 5$$
$$y = (x+3)^2 - 2(x+3) - 5 + 2$$
$$= x^2 + 4x$$

よって、$\underline{y = x^2 + 4x}$ …（答）

計算テク：左辺の -2 をすぐに移項！

余白で計算 → Method 50

計算式はムダに長くしない → Method 50 参照

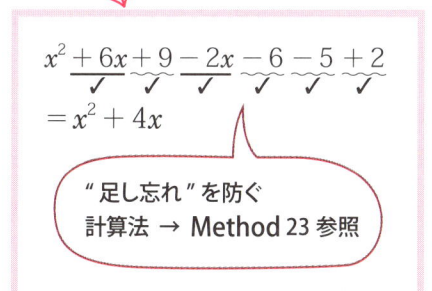

$$\underbrace{x^2}_{\checkmark} \underbrace{+ 6x}_{\checkmark} \underbrace{+ 9}_{\checkmark} \underbrace{- 2x}_{\checkmark} \underbrace{- 6}_{\checkmark} \underbrace{- 5}_{\checkmark} \underbrace{+ 2}_{\checkmark}$$
$$= x^2 + 4x$$

"足し忘れ"を防ぐ計算法 → Method 23 参照

> **NOTEPAD** 2次関数の平行移動では、元の式の頂点と、移動したあとの頂点を求めて比較し、正しく移動できたかを確認しておけば万全！

ミス防止の3原則 Method 17

1. 「忘れそうなこと」は早めに処理しよう！
2. 「＝」の多用は"忘れ物"の原因になりやすい
3. 細かい計算は余白で行い、答案は極力シンプルに！

2章 〈思い込み〉によるミスを防ぐ　Method 17

《思い込み》によるミスを防ぐ

Method 18 空欄補充の問題では、解答を入れて読み直せ！

全体の意味から部分の妥当性を判断！

Advice to Prevent Careless Mistakes

■ 部分だけを見て「正しい」と判断しない！

空欄補充の問題では、空欄の周辺に意識が向きすぎ、全体を通しての吟味を怠りがちである。次の誤答例も、形容詞のangry を「怒った」で覚えていると、特に違和感もなくこれで正解だと思い込んでしまう。しかし…

よくあるミス

【問題例】
次の英文の意味を表すように、空欄に日本語を入れよ。
　The teacher gets very angry if we forget to do homework.
　私たちが宿題を忘れると、先生は大いに（　　　）。

✗誤答　怒った … （答）　　時制が合っていない！

✓**CHECK IT OUT！**

空欄に解答を入れて全体を読み直す　　見直しテク
　→The teacher gets very angry if we forget to do homework.
　「私たちが宿題を忘れると、先生は大いに（怒った）」
　　※時制が一致していない。「怒った」（過去形）はマズい。

○正答　怒る … （答）

選択問題では、「これ！」と思った選択肢が実は"ひっかけ"であることも多いので、注意深く全体を読み直す習慣をつけよう（次ページ参照）。

実践アドバイス ● 全体の意味を考えて"ひっかけ"を見破れ！

【問題例】
次の空欄に入る適切なものを選べ。
"Is this your car?" "No, it's (　　)."
1　mine　　2　me　　3　his　　4　my

×誤答（見直し前）
1

✓CHECK IT OUT！

空欄に答えを入れて全体を読む

→"Is this your car?" "No, it's (mine)."
「この車はあなたのですか？」「いいえ、私のです」
＊「あなたのもの？」と聞かれて、it is mine「私のです」なら、Noではなく、Yesのはず。
"No, it's his."（いいえ、それは彼のです）ならOK！

○正答（見直し後）
3

NOTEPAD　出題者は受験生のミスしやすいところを巧みに突く。「正解はこれ以外にない！」と思ったときこそ、実は用心する必要がある。

ミス防止の3原則　Method 18

1．空欄の周辺だけを見るのは危険！
2．空欄に解答を入れて全体の意味を慎重に吟味！
3．"出題の意図"を考えながら全体を読もう！

《思い込み》によるミスを防ぐ

Method 19 忘れそうな条件は解答欄に書いておく

"未来の自分"に条件を伝言する

Advice to Prevent Careless Mistakes

■ 重要な条件は"ゴール付近"に置いておく

　数学のちょっと長い問題文になると、重要な条件がいくつか出てくる。読んでいるときは「これは重要！」と思っていても、解いているうちに忘れてしまうことがある。それを確実に防ぐちょっとしたテクニックを紹介しよう。

よくあるミス

【問題例】
(1) a を自然数とし、2次関数 $y = x^2 + ax + b$ …① のグラフを考える。$b = 1$ のとき、①のグラフが x 軸と接するときの a の値を解答欄に記入せよ。

×誤答例

$b = 1$ のとき、$y = x^2 + ax + 1$
(判別式) $= a^2 - 4$
$\qquad\qquad\quad = (a+2)(a-2) = 0$
よって、$a = -2, 2$

> a は自然数なので -2 は不適

解答欄
| (1) | -2, 2 |

　誤答例では、解答記入時に「a は自然数」の条件を完全に忘れている。これを防ぐには、問題文を読んで条件を確認したら、すかさず先回りして解答欄の付近に"置き手紙"を届けるのがテクニックだ（次ページ参照）。こうすれば、解答を記入するときの"未来の自分"はイヤでも条件を思い出す。

実践アドバイス ● 解く前に解答欄に条件を記入せよ！

【問題例】
(1) a を自然数とし、2次関数 $y = x^2 + ax + b \cdots$ ① のグラフを考える。$b = 1$ のとき、①のグラフが x 軸と接するときの a の値を解答欄に記入せよ。

✓CHECK IT OUT！ 改善！

1. あらかじめ解答欄に条件を薄く書き込んでおく
2. 答えを記入したらそれを消す

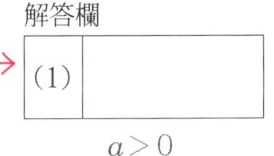

解答欄
(1) 　　
$a > 0$

○正答例

$b = 1$ のとき、$y = x^2 + ax + 1$
（判別式） $= a^2 - 4$
　　　　　 $= (a + 2)(a - 2)$
よって、$a = -2, 2$

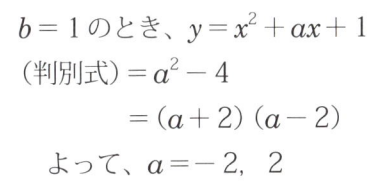

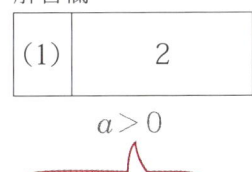

解答欄
(1) 　2
$a > 0$

　答えを記入したら、消しゴムで消す！

NOTEPAD 解答欄に条件を"置く"ときは、①エンピツで薄く書く、②簡潔に短く書く、③答えを記入したら消す、の3点がポイント！

ミス防止の3原則 Method 19

1. 忘れそうな条件は、先に解答欄に記しておく
2. 答えが出たら、まずは条件確認を！
3. 条件の見落としを防ぐため、最後に問題文を再読！

《思い込み》によるミスを防ぐ

Method 20 相似の対応関係は、角度記号でチェック！

"視覚の勘違い"を防ぐ法
Advice to Prevent Careless Mistakes

■ 見た目で惑わされる相似形に注意！

　試験問題で図形が描かれている場合、その図形の寸法や角度は必ずしも正しく描かれているとは限らない。むしろ、わざと少し"いびつな形"になっていることもある。これは、「視覚や感覚に頼って解く」ことへの戒めであろう。

よくあるミス

【問題例】
　右の図で、AB//DEであるとき、xの長さを求めよ。

×誤答例

辺の対応関係が間違っている！

　× CD：CE ＝ CA：CB
　　　x：6 ＝ 3：4
　　　$4x = 18$　より　$x = \dfrac{18}{4} = \dfrac{9}{2}$　　　$x = \dfrac{9}{2}$ …(答)

　誤答例では、見た目に惑わされて、三角形の辺の対応関係を勘違いしている。こうした場合、対応する角に印を書き込んでおくと間違えにくい（右図）。

　さらに、比例式をつくったときに、アルファベットに対応する印を書き込んで（Cの下に●、Dの下に△など）、左辺と右辺の記号の配列が同じになることを確認すれば万全だ（次ページ参照）。

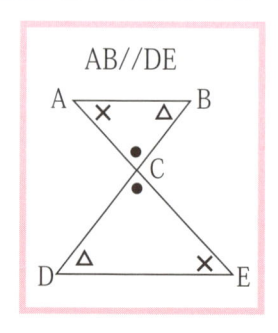

AB//DE

実践アドバイス ● 比例式の対応関係を記号で確認！

【問題例】

右の図で、AB//DEであるとき、xの長さを求めよ。

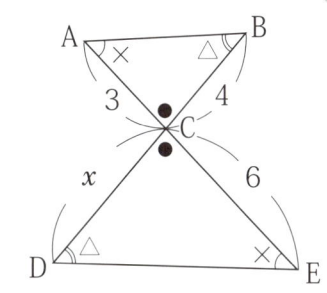

✓CHECK IT OUT！ 〔改善！〕

1. 対応する角に印をつける
2. 書き込んだ印を使って比例式をチェックする
   > CD：CE ＝ CA：CB （誤った比例式）
   ●△　●×　●×　●△

→ （●△：●×）と（●×：●△）の並び方が違う → 対応関係にない！

○正答例 〔見直しテク〕

CD：CE ＝ CB：CA
●△　●×　●△　●×

→ （●△：●×）と（●△：●×）の並び方が同じ → 正しい対応関係である

$x：6 ＝ 4：3$
$3x ＝ 24$
$x ＝ 8$

$x ＝ 8$ …（答）

> **NOTEPAD** 相似形の辺や角の対応関係をきちんと把握するために、同じ対応関係になるように図を描き直す方法もある（Method 36参照）。

ミス防止の3原則

1. 図形問題は視覚や感覚に頼るな！
2. 相似の対応関係は記号で把握する
3. 比例式を記号に置き換えてチェックしよう！

「ミスしない体質」を作る ちょっとした習慣術 ②

気になったことは書き出しておこう！

● "メモ習慣" が記憶をしっかりさせる

「先月貸したＤＶＤ、そろそろ返してよ」「えっ、とっくに返したじゃない」「あれ、そうだったっけ？」「うーん、たぶん…」

仲間同士でありがちな会話だが、ふたりとも記憶が曖昧になっているから、このままでは埒があかない。

人間の記憶というのは、意外にアテにならない。そのアテにならない記憶のせいで、思い込みや勘違いによるミスや失敗が起きる。普段の生活でそうなら、テストでもきっと同じだろう。

忘れっぽい人や勘違いが多い人は、普段からマメにメモを取る習慣をつけることを勧めたい。

「カサ置き忘れ。電車orコンビニ？」

「小遣い残り760円、金欠」

「ＤＶＤつまらない、川村に返す」

など、日常のちょっとしたことや感想などをメモしておくのである。

授業で使うノートも同じで、板書を写すだけでなく、先生の話で面白かったことや自分の感想などを書き込んでおく。

書くことで記憶が強化され、書いたものを見ることで曖昧な記憶がクリアーになる…。普段からのマメな「メモ書き習慣」が、テストでのケアレスミス防止にもつながってくるのである。

3章

《緊張・焦り》による
ミスを防ぐ10の方法

ここで差がつく！　Method 21 ▶ Method 30

> この章のはじめに

ひと呼吸おき、視野を広くする！

《緊張・焦り》によるミスを防ぐ10の方法
How to Prevent Careless Mistakes

■クイズの回答者に学ぶ"呼吸調整法"

　テレビのクイズ番組を見ていると、パニくったときの人間の心理状態が手に取るように分かる。回答者が時間に追われて焦っているときに、
「国民的漫画サザエさん、サザエの妹は誰？」
と質問されてもスッと答えが出てこない（正解は「ワカメ」）。
　落ち着いて考えれば答えられることも、パニくった頭の中からは何も出てこない。あるいは「速く答えよう」と焦るあまり、とっさに思いついたことを口に出して不正解。間違えたことで動揺し、いっそう焦る…
　こうしたとき、賢い回答者はためらわずに「パス」と言う。パスで1問失うかわりに、いったん呼吸を整えて落ち着きを取り戻すのだ。そして、残りの問題で正解を出すことに集中する。この姿勢は見習いたい。

■焦っているときはダマされやすい

　ここで中学レベルの問題を解いてもらおう。制限時間はジャスト5秒。

【問】次の英文を受動態にするためにカッコを埋めなさい。
　　　He cut the paper.
　　　　→ The paper （　　　）（　　　） by him.〔受動態〕

　クイズでは誰もが間違えやすい"ひっかけ問題"がよく出るが、テストも同じだ。上の問題で（ is ）（ cut ）と答えた人は、まんまとひっかかった。

■「視野の狭さ」がミスの原因に

「えー、どうしてダメなの？」と不満顔の人は、ちょっと冷静に考えてみてほしい。不規則動詞のcut（切る）は、

　　cut（原形）－cut（過去形）－cut（過去分詞）

のように語形が変化しないことは知っているだろう。したがって、

　　He cut the paper.

という英文は、「彼はその紙を切った」と過去形で訳す必要がある（現在形なら動詞は"cuts"のはず）。過去形の英文を受動態にするには、受動態も過去形にしなければならない。よって（was）（cut）が正解だ。

　間違えた人は、「受動態にする」ことだけに集中し、元の英文が「現在形なのか、過去形なのか」までは吟味していない。これがミスの根本原因だ。

■広い視野と余裕を生み出す技術

　緊張や焦りは頭を混乱させ、視野を狭くする。そんなときに起きやすいミスを防ぐ決め手は、

「ひと呼吸おいて余裕を取り戻す」

「視野を広く取って、周辺情報にも目配りをする」

の2点に集約される。

　心構えとして唱えるだけでは足りない。「この工夫で余裕が生まれる」「このテクニックで視野が広がる」といった技術的なノウハウを、この章を通じて実際に身につけてもらいたい。さっそく紹介していこう。

《緊張・焦り》によるミスを防ぐ

Method 21 ミスしやすそうな計算は避けて通る！

"正負逆転"の操作を減らす工夫

Advice to Prevent Careless Mistakes

■「左辺＝0」か「0＝右辺」かの選択

移項時のミスでは、正負の逆転を間違えるケースが非常に多い。時間に追われて焦っているときはなおさらだ。こうしたミスを減らすには、正負を逆転させる操作が少ない計算方法を選択するのも一法である。

よくあるミス

【問題例】

2つの放物線 $y=x^2+2x+8$ と $y=3x^2+4x-16$ の共有点の x 座標を求めよ。

×誤答例

$x^2+2x+8=3x^2+4x-16$
$x^2+2x+8-(3x^2+4x-16)=0$
$-2x^2-2x+24=0$
$2x^2-2x-24=0$ ← 両辺に-1を掛けているが、$-2x$ を $+2x$ にし忘れている
$x^2-x-12=0$
$(x-4)(x+3)=0$
よって、$x=-3, 4$ …（答）

誤答例では、「左辺＝0」の形にするために、①右辺を左辺に移項（正負逆転）、②両辺に-1を掛ける（正負逆転）、の2回の操作を行っている。しかし、これを「0＝右辺」の形にするならば、正負逆転の操作は1回で済む。焦っているときほど、式の形をイメージしてから計算を始める余裕を持ってほしい。

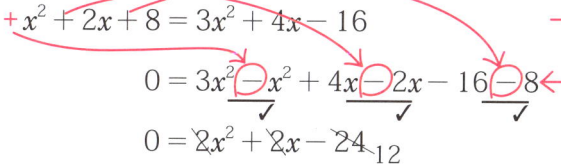

実践アドバイス ●「0＝右辺」の形がよいこともある！

【問題例】

2つの放物線 $y = x^2 + 2x + 8$ と $y = 3x^2 + 4x - 16$ の共有点の x 座標を求めよ。

○正答例1

改善！ 「0＝右辺」の形にして正負逆転の操作を減らす！

$x^2 + 2x + 8 = 3x^2 + 4x - 16$
$0 = 3x^2 + 4x - 16 - (x^2 + 2x + 8)$
$0 = 2x^2 + 2x - 24$
$2x^2 + 2x - 24 = 0$
$x^2 + x - 12 = 0$
$(x - 3)(x + 4) = 0$ より、$x = -4, 3$ …（答）

○正答例2

計算テク　Method 3 を適用

$x^2 + 2x + 8 = 3x^2 + 4x - 16$
$0 = 3x^2 - x^2 + 4x - 2x - 16 - 8$
$0 = 2x^2 + 2x - 24$
$x^2 + x - 12 = 0 \rightarrow (x - 3)(x + 4) = 0$ より、$x = -4, 3$ …（答）

> **NOTEPAD** 正答例2では、移項したものに下線を引いて正負の逆転を確認している（Method 3 参照）。手堅くいくならこちらの方法で！

ミス防止の3原則　Method 21

1. 正負逆転の操作が少ない計算法を選択する
2. 「0＝右辺」の形にする練習も欠かさずに！
3. Method 3 の併用で計算精度を上げる！

《緊張・焦り》によるミスを防ぐ

Method 22 最後の最後まで分母は計算しない！

約分でミスしない分数計算のセオリー

Advice to Prevent Careless Mistakes

■ 焦りによる痛恨の約分ミス！

せっかく正しく計算できているのに、最後の約分でミスをする。しかも、小学生でも間違えないような簡単な約分…。普段なら間違えない約分でも、焦っているときはこうした"痛恨の凡ミス"が多発する。

よくあるミス

【問題例】
　右の三角形ABCにおいて、$\cos A$の値を求めよ。

×誤答例

$$\cos A = \frac{AB^2 + AC^2 - BC^2}{2 \cdot AB \cdot AC}$$

$$= \frac{2^2 + 3^2 - 4^2}{2 \cdot 2 \cdot 3}$$

$$= \frac{-3}{12}$$

$$= -\frac{1}{3} \cdots (答)$$

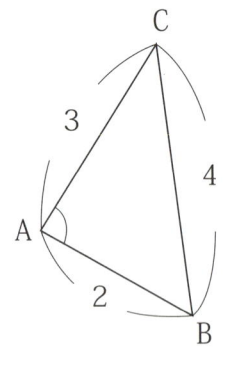

約分ミス

（三角形ABC: AC=3, CB=4, AB=2）

ミスの遠因として考えられるのは、分母の計算（$2 \times 2 \times 3$）を焦って先に済ませてしまったことにある。この問題に限らず、分母の計算を最後の最後まで残しておくと、「うまく消えてくれる」ことが多い（次ページ参照）。

実践アドバイス ● 分母の計算は最後まで残しておく！

【問題例】

右の三角形ABCにおいて、cosAの値を求めよ。

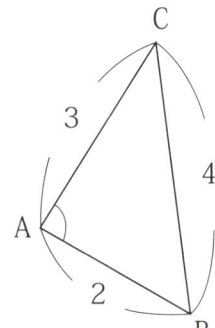

○正答例

$$\cos A = \frac{AB^2 + AC^2 - BC^2}{2 \cdot AB \cdot AC}$$

$$= \frac{2^2 + 3^2 - 4^2}{2 \cdot 2 \cdot 3} \longrightarrow 4 + 9 - 16 = -3$$

$$= \frac{-3}{2 \cdot 2 \cdot 3}$$ ← 計算テク　分母は最後まで計算しない
↓
分子の3と約分できた

$$= -\frac{1}{4} \cdots (答)$$

> **NOTEPAD** 約分は「素因数分解」（整数を素数の積の形で表す）の形のほうが間違えにくいので、分母の計算を残しておくのは合理的！

ミス防止の3原則 Method 22

1. 簡単な約分ほど慎重に！
2. 分数計算では、分母の計算を焦らない
3. "一歩先"を見ながら計算する余裕を！

《緊張・焦り》によるミスを防ぐ

Method 23 項数の多い計算では、計算した項に下線を！

視覚チェックで"飛ばし計算"を防ぐ
Advice to Prevent Careless Mistakes

■ "見落とし"や"足し忘れ"を防ぐ方法

当たり前のことだが、計算操作が多くなればなるほど、ミスをする確率も高まる。たとえば、項数の多い展開では、紛らわしい文字式が横にダラダラと並ぶため、同類項（文字の部分が同じ項）でまとめるときに、うっかり項を見落としてしまうミスが発生しやすい。次の問題はその典型例である。

よくあるミス

【問題例】
$(2x+y)(x^2+3xy+y^2)$ を展開せよ。

×誤答例
$(2x+y)(x^2+3xy+y^2)$
$= 2x^3 + 6x^2y + 2xy^2 + x^2y + 3xy^2 + y^3$
$= 2x^3 + 6x^2y + 5xy^2 + y^3 \cdots$（答）

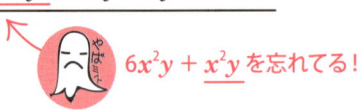

$6x^2y + \underline{x^2y}$ を忘れてる！

誤答例のような「見落とし・足し忘れ」を防ぐには、同類項に下線を引きながら計算するとよい。計算を終えたら、答えと照合して「✓印」で下線を消していき、すべての項を処理したかどうかをチェックする（次ページ参照）。ルート（$\sqrt{}$）の計算などでも同様の方法を使える。

下線を引く作業と✓印による確認は、"はやる気持ち"を抑えつつ視野を広げる効果があるので、普段の勉強でも実践して習慣化してほしい。

実践アドバイス ● 下線を使って足し忘れを防ぐ！

【問題例】

$(2x+y)(x^2+3xy+y^2)$ を展開せよ。

✓CHECK IT OUT！

計算テク

1. 計算する項に下線を引きながら同類項をまとめていく

$$\rightarrow 2x^3 + \underline{6x^2y} + 2xy^2 + \underline{x^2y} + 3xy^2 + y^3$$
$$= 2x^3 + 7x^2y + 5xy^2 + y^3$$

2. 処理した項に✓印を入れ、足し忘れがないかを確認する

$$\rightarrow 2x^3 + \underline{6x^2y} + 2xy^2 + \underline{x^2y} + 3xy^2 + y^3$$

○正答例

$(2x+y)(x^2+3xy+y^2)$
$= 2x^3 + \underline{6x^2y} + 2xy^2 + \underline{x^2y} + 3xy^2 + y^3$
$= 2x^3 + 7x^2y + 5xy^2 + y^3$ …(答)

> **NOTEPAD** 同類項のペアを識別するために、一本線や波線、二重線などの下線を使い分ける。✓印によるチェックは検算も兼ねて丁寧に！

ミス防止の3原則 Method 23

1. 長い計算では"項の見落とし"に注意！
2. 計算する項に下線を引き、計算後に✓印でチェック！
3. ✓印チェックでは全体の見直しも兼ねる

《緊張・焦り》によるミスを防ぐ

Method 24 使い慣れない公式は使わない！

愚直に計算して愚直に正解を得る

Advice to Prevent Careless Mistakes

■ スピードより確実性を追求！

試験では「慣れないこと」は極力避けて通ったほうがよい。たとえば、右のような"簡便公式"を使うと、たしかに計算が"ちょっとだけ"速くなるが、公式の覚え間違いによるミスが発生しやすいので充分注意しよう。

$$ax^2+bx+c=0 \text{ で、} b=2b' \text{ のときは、} x=\frac{-b'\pm\sqrt{b'^2-ac}}{a}$$

よくあるミス

【問題例】
$y=3x^2-8x+2$ と x 軸の共有点の座標を求めよ。

✕誤答例

解の公式より、

公式にない 2 を掛けてしまった

$$x=\frac{4\pm\sqrt{4^2-2\cdot3\cdot2}}{3}$$

$$=\frac{4\pm\sqrt{16-12}}{3}=\frac{4\pm2}{3}$$

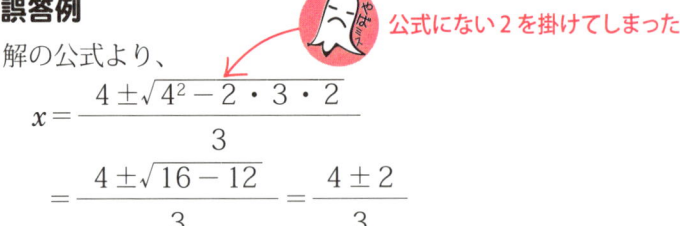

$x=\dfrac{2}{3}$, 2 より、共有点は $(\dfrac{2}{3}, 0)$ と $(2, 0)$ …（答）

教科書や参考書では"簡便公式"の利用を勧めているが、焦っているときは使い慣れた"本家公式"を適用して確実性を追求する方が賢い。"簡便公式"は、100 パーセント間違えない自信がついてから使おう。

実践アドバイス ● 使い慣れた公式で確実に計算する

【問題例】
$y = 3x^2 - 8x + 2$ と x 軸の共有点の座標を求めよ。

○正答例

解の公式より、

$$x = \frac{8 \pm \sqrt{8^2 - 4 \cdot 3 \cdot 2}}{2 \cdot 3}$$

改善！ 使い慣れた公式を使う！

$$= \frac{8 \pm \sqrt{64 - 24}}{2 \cdot 3}$$

$$= \frac{8 \pm \sqrt{40}}{2 \cdot 3}$$

$$= \frac{\overset{4}{8} \pm \overset{}{2}\sqrt{10}}{\underset{}{2} \cdot 3}$$

計算テク 分母の計算は最後まで残しておく → Method 22

$$= \frac{4 \pm \sqrt{10}}{3}$$

よって、共有点の座標は、$\left(\dfrac{4 - \sqrt{10}}{3},\ 0\right)$ と $\left(\dfrac{4 + \sqrt{10}}{3},\ 0\right)$ …(答)

NOTEPAD "簡便公式"は、うっかり分母を $2a$ にしたり、ルートの中を $b'^2 - 4ac$ にしたりするミスが多いので、使うときは充分注意する。

ミス防止の 3原則 Method 24

1. 2次方程式の解の公式は、"本家"を確実に暗記！
2. 焦っているときは、使い慣れた公式を使う
3. 分母の計算は最後までとっておく (Method 22 参照)

《緊張・焦り》によるミスを防ぐ

Method 25 求めたいものは"安心位置"に移す！

"見た目"からくる不安を解消する

Advice to Prevent Careless Mistakes

■ **分かりやすく、シンプルな方針で！**

もっとシンプルに計算すればよいものを、わざわざ複雑にしてミスを犯してしまう受験生が少なくない。次の誤答例がその典型である。

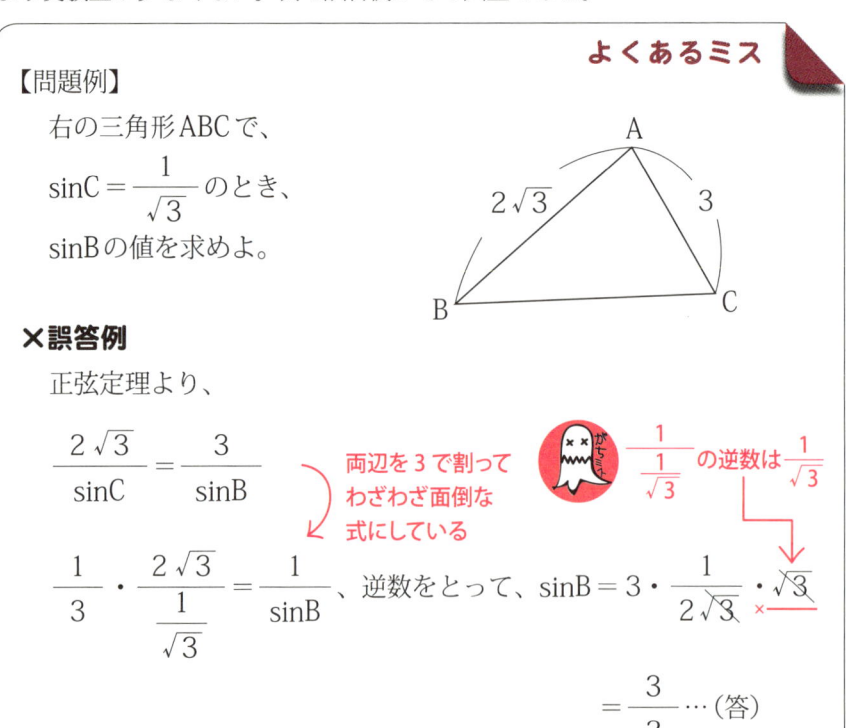

よくあるミス

【問題例】

右の三角形ABCで、$\sin C = \dfrac{1}{\sqrt{3}}$ のとき、$\sin B$ の値を求めよ。

×誤答例

正弦定理より、

$$\dfrac{2\sqrt{3}}{\sin C} = \dfrac{3}{\sin B}$$

両辺を3で割ってわざわざ面倒な式にしている

$$\dfrac{1}{3} \cdot \dfrac{2\sqrt{3}}{\dfrac{1}{\sqrt{3}}} = \dfrac{1}{\sin B}$$

$\dfrac{1}{\frac{1}{\sqrt{3}}}$ の逆数は $\dfrac{1}{\sqrt{3}}$

逆数をとって、$\sin B = 3 \cdot \dfrac{1}{2\sqrt{3}} \cdot \sqrt{3}$

$= \dfrac{3}{2}$ …(答)

見た目の式が複雑だと、焦りと不安からミスを犯しやすくなる。この場合は、$\sin B$ を素直に左辺に移してから、安心して計算処理に専念すればよい。

実践アドバイス ● 求めたい値を左辺に移せば安心！

【問題例】

右の三角形ABCで、$\sin C = \dfrac{1}{\sqrt{3}}$ のとき、$\sin B$ の値を求めよ。

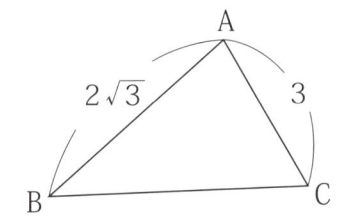

○正答例

正弦定理より、

$$\dfrac{2\sqrt{3}}{\sin C} = \dfrac{3}{\sin B}$$

計算テク 両辺に $\sin B$ を掛けて、左辺に $\sin B$ を移す

$$\sin B \cdot \dfrac{2\sqrt{3}}{\sin C} = 3$$

$$\sin B = 3 \cdot \dfrac{\sin C}{2\sqrt{3}} = 3 \cdot \dfrac{1}{2\sqrt{3}} \cdot \dfrac{1}{\sqrt{3}} = \dfrac{1}{2} \quad \cdots (\text{答})$$

NOTEPAD 正弦定理の比例式を、
$2\sqrt{3} \sin B = 3 \sin C$
としてから両辺を $2\sqrt{3}$ で割ってもよい。

ミス防止の3原則

1. 計算式はできるだけシンプルに！
2. "求めたいもの" は "求めやすい位置" に移せ！
3. 分数式の計算は、分母の扱いと約分に注意！

《緊張・焦り》によるミスを防ぐ

Method 26 "二度手間計算"で芋づる式失点を防ぐ！

"連鎖失点"を防ぐ慎重ダブルチェック
Advice to Prevent Careless Mistakes

■ "重複計算"でも、見直しのつもりで解く

前の小問の答えや計算結果などを、後ろの小問で利用できることがある。下の問題例では、アの判別式を「解の公式」のルートの中に使える。ただ、アで計算ミスをすると、自動的にイも間違える。同じ計算が重複して出てくる場合、二度手間と思っても見直しのつもりで解き、"芋づる式失点"を防ぎたい。

よくあるミス

【問題例】
2次方程式 $x^2 - 3x + 5a - 9 = 0$
が異なる2個の実数解をもつためのaの範囲は ア であり、このときの解は、$x =$ イ である。

✕誤答例

（判別式）＞0 より、
$(-3)^2 - 4(5a - 9) > 0$
$9 - 20a + 45 > 0$
$\boxed{-20a + 54} > 0$ ← 判別式
$-20a > -54$
$a < \dfrac{54}{20}\dfrac{27}{10}$

(−4)×(−9)を
(−5)×(−9)としてしまった！
→ $5a$ の5が目に入ってミス！

解の公式より、
$x = \dfrac{3 \pm \sqrt{\boxed{-20a + 54}}}{2}$

← 判別式をそのまま持ってきている

以上より、

ア $a < \dfrac{27}{10}$ …（答）✕

イ $\dfrac{3 \pm \sqrt{-20a + 54}}{2}$ …（答）✕

"芋づる式失点"

実践アドバイス ● 2度目の計算は見直しのつもりで！

【問題例】

2次方程式 $x^2 - 3x + 5a - 9 = 0$
が異なる2個の実数解をもつための a の範囲は ［ ア ］ であり、このときの解は $x =$ ［ イ ］ である。

○解答例

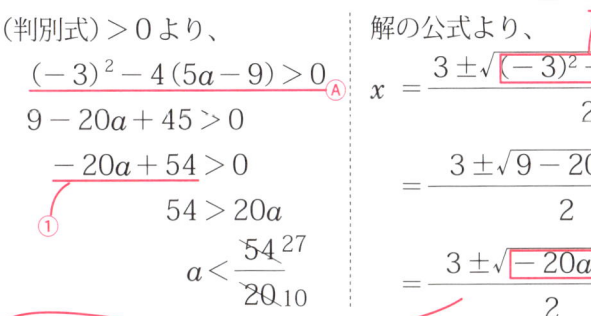

（判別式）> 0 より、
$(-3)^2 - 4(5a-9) > 0$ …Ⓐ
$9 - 20a + 45 > 0$
$-20a + 54 > 0$ …①
$54 > 20a$
$a < \dfrac{\cancel{54}\ 27}{\cancel{20}\ 10}$

解の公式より、（Ⓐと同じ計算をもう一度慎重に！）

$x = \dfrac{3 \pm \sqrt{(-3)^2 - 4(5a-9)}}{2}$

$= \dfrac{3 \pm \sqrt{9 - 20a + 36}}{2}$

$= \dfrac{3 \pm \sqrt{-20a + 45}}{2}$ …②

＊ここで、①と②が違うことに気づく。

→①では、$(-3)^2 - 4(5a-9) = 9 - 20a + 45$ のミスを発見。

（正しくは $(-4) \times (-9) = 36$）

《解き直し》

$-20a + 45 > 0$

$a < \dfrac{\cancel{45}\ 9}{\cancel{20}\ 4}$

ア　$a < \dfrac{9}{4}$ …（答）

イ　$x = \dfrac{3 \pm \sqrt{-20a + 45}}{2}$ …（答）

ミス防止の3原則 Method 26

1. 関連する小問では "芋づる式失点" に注意！
2. 前問の計算結果を安易に "流用" するな！
3. 同じ計算が出てきたときは、より慎重に取り組む

《緊張・焦り》によるミスを防ぐ

Method 27 焦っているときほど、"基本"に立ち返れ！

"早とちり"で失点しないための鉄則

Advice to Prevent Careless Mistakes

■ "基本"に戻ることで視野を広げる！

　焦っているときは、「速く答えを出したい」という気持ちが強くなるあまり、見落としや早とちりが増えてくる。それを防ぐのが、「基本に立ち返る」という姿勢だ。下の問題例と次ページの問題例で確認してほしい。

よくあるミス

【問題例】
　2次関数 $y = x^2 + 2(a-1)x$ の頂点の座標を求めよ。

×誤答例

$y = x^2 + 2(a-1)x$
　$= \{x+(a-1)\}^2 - (a-1)^2$
したがって、頂点の座標は、$(a-1,\ -(a-1)^2)$ …（答）

→ 正しくは $-a+1$（正負が逆）

○正答例

$y = x^2 + 2(a-1)x$
　$= \{x+(a-1)\}^2 - (a-1)^2$
　$= \{x-(-a+1)\}^2 - (a-1)^2$
したがって、頂点の座標は、$(-a+1,\ -(a-1)^2)$ …（答）

改善！ $y = a(x-p)^2 + q$ の基本形に変形する

　次ページの問題の誤答例では、$-1 \leq a$ だと思い込んでミスをしている。「2点間の長さは絶対値」という基本に戻れば視野が広がり、「$-1 \leq a$ と $a < -1$ とで場合分けして考える必要がある」ことに気づくだろう。

実践アドバイス ●「線分の長さ」は絶対値で解くのが基本！

【問題例】
　放物線 $y = x^2 - (a-1)x - a$ がx軸から切り取る線分の長さが2であるとき、定数aの値を求めよ。

×誤答例

$x^2 - (a-1)x - a = 0$ とすると、
$(x+1)(x-a) = 0$
よって、右図より、
$a = -1 + 2 = 1$ 　　$\underline{a = 1 \cdots （答）}$

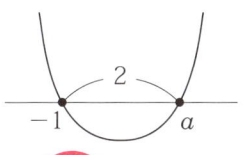

$a < -1$の場合を考えていない

○正答例

$x^2 - (a-1)x - a = 0$
とすると、
$(x+1)(x-a) = 0$

ⅰ) $-1 \leqq a$ のとき　　ⅱ) $a < -1$ のとき

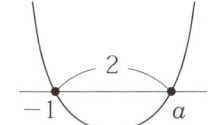

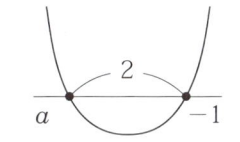

右図より、
$|a - (-1)| = 2$　　←　aの値が不明なので絶対値で表す！
$|a + 1| = 2$
$a + 1 = \pm 2$　　よって、$\underline{a = 1, -3 \cdots （答）}$

NOTEPAD　関数や不等式などの問題では、グラフや数直線を描いて視覚的に考えることで、勘違いや思い込みを修正することができる。

ミス防止の3原則

1. 解き急ぎは禁物、基本形を適用せよ！
2. 「基本に戻って考える習慣」をつけよう！
3. 図やグラフを描いて考える習慣をつけよう！

《緊張・焦り》によるミスを防ぐ

Method 28 カンマの代わりに、「かつ／または」を使う

曖昧なものは"言葉"にして考える
Advice to Prevent Careless Mistakes

■「共通範囲」か「合わせた範囲」か？

数学の解答や答案でカンマが出てきたとき、「このカンマは何を意味しているのか」をきちんと考える習慣をつけてほしい。これを曖昧なままにしていると、思わぬ勘違いで"重大ミス"を引き起こすことがある。

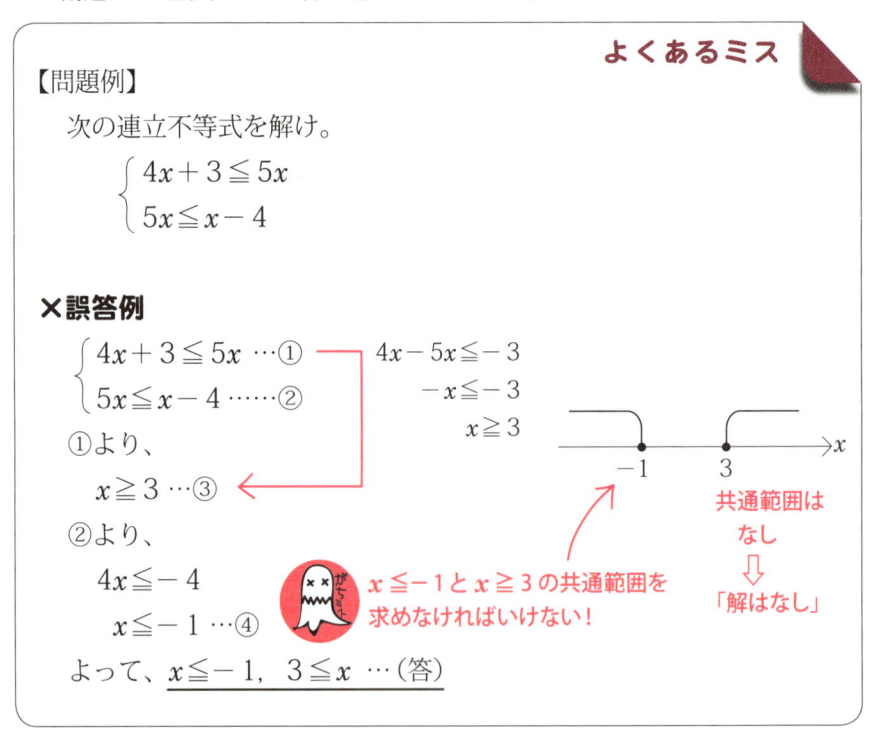

よくあるミス

【問題例】

次の連立不等式を解け。
$$\begin{cases} 4x+3 \leqq 5x \\ 5x \leqq x-4 \end{cases}$$

×誤答例

$\begin{cases} 4x+3 \leqq 5x \quad \cdots ① \\ 5x \leqq x-4 \quad \cdots ② \end{cases}$

①より、
$4x - 5x \leqq -3$
$-x \leqq -3$
$x \geqq 3$

$x \geqq 3 \quad \cdots ③$

②より、
$4x \leqq -4$
$x \leqq -1 \quad \cdots ④$

よって、$x \leqq -1,\ 3 \leqq x \quad \cdots$（答）

👻 $x \leqq -1$ と $x \geqq 3$ の共通範囲を求めなければいけない！

共通範囲はなし
⇓
「解はなし」

誤答例では「③と④を合わせた範囲」（③または④）を求めているが、「③かつ④」の共通範囲を求めなければならない（次ページ参照）。

実践アドバイス ● カンマは"日本語"に置き換える！

【問題例】

次の連立不等式を解け。
$$\begin{cases} 4x+3 \leq 5x \\ 5x \leq x-4 \end{cases}$$

○正答例

$$\begin{cases} 4x+3 \leq 5x \quad \cdots ① \\ 5x \leq x-4 \quad \cdots\cdots ② \end{cases}$$

計算テク: $4x$ を右辺に移項 → Method 21 を適用！
$3 \leq 5x - 4x$
$3 \leq x$

①より、
$x \geq 3 \cdots ③$

②より、
$5x - x \leq -4$
$4x \leq -4$
$x \leq -1 \cdots ④$

改善!: 「$x \geq 3$、$x \leq -1$」を「$x \geq 3$ かつ $x \leq -1$」と書き換える

$x \geq 3$ かつ $x \leq -1$ を満たす x は存在しない。

よって、解はなし …（答）

NOTEPAD 「かつ」と「または」はうっかり混同しがちなので、正答例のようにカンマを"日本語"で置き換えて考える習慣をつけたい。

ミス防止の3原則 Method 28

1. 「A かつ B」と「A または B」を混同しない！
2. カンマの代わりに「かつ」か「または」を書け！
3. 《$AB = 0$ ならば、$A = 0$ または $B = 0$》を覚えておこう！

《緊張・焦り》によるミスを防ぐ

Method 29 イラつく因数分解より解の公式でゴリゴリ！

臨機応変に解法を使い分ける
Advice to Prevent Careless Mistakes

■ ときには強引な計算に持ち込め！

　因数分解で使う"たすきがけ"がうまくいかないと、だんだんイライラしてくる。何回もやり直してようやくできたと思いきや、余白にゴチャゴチャ書いた符号や数字を見間違えて苦労が水の泡…。下の誤答例はまさにそんな感じだ。

よくあるミス

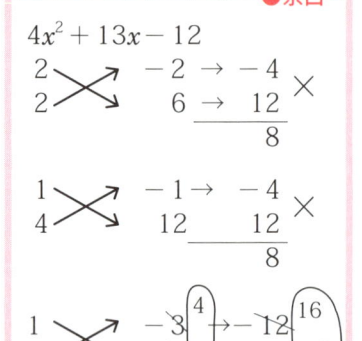

【問題例】
次の2次方程式を解け。
$$4x^2 + 13x - 12 = 0$$

×誤答例

$4x^2 + 13x - 12$
$= (x - 4)(4x + 3)$

たすきがけのミス！

よって、
$(x - 4)(4x + 3) = 0$
$x = -\dfrac{3}{4},\ 4 \cdots$（答）

● 余白

$4x^2 + 13x - 12$

　計算余白を見ると、"たすきがけ"で苦労して時間がかかっているようだ。これでミスをしたら泣くに泣けない。こういうときは潔く方向転換して、解の公式でゴリゴリ計算する方が、結果的に速く正確に答えを出せることが多い。

実践アドバイス ● 因数分解が面倒なら解の公式で！

【問題例】

次の2次方程式を解け。
$$4x^2 + 13x - 12 = 0$$

○正答例

改善！ 因数分解できそうだが、あえて解の公式で解く

解の公式より、

$$x = \frac{-13 \pm \sqrt{13^2 - 4 \cdot 4 \cdot (-12)}}{2 \cdot 4}$$

$$= \frac{13 \pm \sqrt{169 + 192}}{2 \cdot 4}$$

$$= \frac{-13 \pm \sqrt{361}}{2 \cdot 4}$$

→ルートの中は2乗の数になると予想できる

$$= \frac{-13 \pm \sqrt{19^2}}{2 \cdot 4}$$

$$= \frac{-13 \pm 19}{2 \cdot 4}$$

Method 22 参照

$$= \frac{\overset{3}{\cancel{6}}}{\cancel{2 \cdot 4}},\ -\frac{\overset{4}{\cancel{32}}}{\cancel{2 \cdot 4}} \quad \text{よって、}\ x = -4,\ \frac{3}{4}\ \cdots\text{(答)}$$

●余白

```
    16          19
  ×) 12        ×) 19
    32         171
   16          19
  192         361
```

$19^2 = 361$ は暗記しておくとよい！（p.33 参照）

> **NOTEPAD**　因数分解できるなら、解の公式のルートの中は必ず平方数になるので、361が出てきても慌てない。19までの平方数は暗記しよう。

ミス防止の3原則

1. "たすきがけ"で消耗するなら解の公式を使え！
2. 因数分解できるときは、解の公式のルートの中は平方数！
3. 因数分解と解の公式は、臨機応変で使い分ける！

《緊張・焦り》によるミスを防ぐ

Method 30 深追いはケガの元、"引き際"を見極めろ！

"勇み足"でミスしないための心得
Advice to Prevent Careless Mistakes

■ 答えが見えてきたら"徐行運転"で慎重に！

　慌てて問題を解いているときは、前のめりになって周囲を見渡す余裕がなくなり、思わぬ"勇み足"で墓穴を掘ることがある。そろそろ答えが見えてきた時点では"徐行運転"に切り換え、どこで"停車"するかを慎重に見極めよう。

【問題例】
　次の式を因数分解せよ。
$$64x^3 - 1$$

✕ 誤答例
$$64x^3 - 1$$
$$= (4x)^3 - 1^3$$
$$= (4x - 1)(16x^2 + 4x + 1)$$
$$= \underline{(4x - 1)(4x + 1)^2} \cdots (答)$$

〈公式〉
$$a^3 - b^3 = (a - b)(a^2 + ab + b^2)$$

$16x^2 + 4x + 1$ は、これ以上因数分解できない！

見直しテク　（判別式）$4^2 - 4 \cdot 16 \cdot 1 < 0$
↓
因数分解できない！

○ 正答例
$$64x^3 - 1 = (4x)^3 - 1$$
$$= \underline{(4x - 1)(16x^2 + 4x + 1)} \cdots (答)$$

よくあるミス

　誤答例では、「まだ因数分解できそうだ」と思い込んでしまったのが敗因だ。ここは、いったん判別式を求めてみる余裕がほしい。この例に限らず、"深追いをして自滅"のケースは意外にあるので注意しよう（次ページ参照）。

実践アドバイス ● できるだけ余計なことはしない！

【問題例】
　頂点が $(-1, 1)$ で、$(2, -17)$ を通る2次関数を求めよ。

✕誤答例
　求める2次関数を $y = a(x+1)^2 + 1$ …① とおく。
　①が $(2, -17)$ を通るので、
　　$-17 = a \cdot 3^2 + 1$
　　$9a = -18$ より、$a = -2$
　よって、$y = -2(x+1)^2 + 1$
　　　　　　$= -2x^2 - 2x - 1$ …（答）

わざわざ展開して計算ミス！
$-2x^2 - 4x - 1$ が正解

○正答例
　求める式を $y = a\{x-(-1)\}^2 + 1$ …① とおく。
　①が $(2, -17)$ を通るので、
　　$-17 = 9a + 1$
　　$9a = -18$ より、$a = -2$
　よって、$y = -2(x+1)^2 + 1$ …（答）

→基本に立ち戻る！
Method 27 参照

改善！ 答えは、$y = a(x-p)^2 + q$ の基本形のままでよい！

NOTEPAD 　2次関数は、$y = a(x-p)^2 + q$（基本形）で表しても、$y = ax^2 + bx + c$（一般形）で表してもよいことを覚えておこう！

ミス防止の3原則

1. 答えが見えてきたら"徐行運転"で慎重に！
2. 「設問の要求」にないことまで書くな！
3. 答えが出たら「これでいいのか？」を再確認する

「ミスしない体質」を作る ちょっとした習慣術 ③

"確認グセ"を身につけておこう！

●「指差呼称」を日常的に取り入れる

　コンビニやスーパーで、200円の買い物をして五千円札を出したとする。レジの店員はたいてこんな感じの対応をする。
　「まず、大きい方から4千円と…」（千円札を1枚ずつ声に出して数えて渡す）「…800円のお返しになります」（すこし間を空けてから小銭を渡す）「…ご確認ください。ありがとうございました！」
　これは、釣り銭の間違いを防ぐために編み出されたマニュアルだそうだ。原理としては「指差呼称」（34ページ参照）と同じで、ミスが多い人はぜひ見習ってほしい。早い話が、「指差呼称」を積極的に取り入れて、普段の生活から"確認グセ"をつけておくのである。
　たとえば、明日の学校の準備をするときは、「宿題よし、教科書よし、体操服よし」と点呼・確認しながらひとつずつカバンに詰めていく。家を留守にするときは「火の元よし、窓締めよし、鍵かけよし」と指差呼称でセキュリティの確認をする…
　スーパーの店員もそうだが、ミスが許されない銀行マンや医者なども日常的に"確認グセ"が習慣化しているので、おそらく職場以外でのミスも少ないはずである。いったん習慣として身体に染みついたものは、そう簡単には抜けない。逆に、習慣として身についていないことを、テストのときだけやろうとしても、なかなかうまくいかないものだ。

Stop the Careless Mistake!

4章

《見切り発車》によるミスを防ぐ10の方法

急所を押さえる！

Method 31 ▶ Method 40

> この章のはじめに

情報を視覚化して整理しよう!

《見切り発車》によるミスを防ぐ 10 の方法
How to Prevent Careless Mistakes

■視覚的イメージが理解を促す

「鳴くよウグイス平安京」(794 年、平安京遷都)
「人並みに奢(おご)れや女子(おなご)」($\sqrt{3}=1.7320508075$)

　名作と言われるゴロ合わせが覚えやすいのは、小気味よい語感やリズム感のほか、言葉とともに情景やイメージがパッと浮かぶところにもある。

　たとえば、私たちは「ウグイス」や「京都(平安京)」を視覚的にイメージできるから、ゴロ合わせの意味を理解できる(理解できるから覚えやすい)。どちらもイメージできない外国人には、意味不明な「呪文」でしかない。

　このように、視覚的イメージには、理解を助ける(深める)働きがある。それを活用した情報整理術でミスを封じるのが、本章のテーマだ。

■単純計算でも"視覚的整理"が可能!

　数学の公式や数式を見てもイメージが全然浮かばない、だから数学は嫌いなんだ、という人も少なくないだろう。

　確かにそういう面はある。しかし、無味乾燥な記号や数式を扱うからこそ、視覚的イメージを用いた情報整理術が重要になってくる。実際、単純な四則計算でもそれは可能だ。たとえば、下の問題を解いてみてほしい。

【問】次の計算をしなさい。
　　　$32+16+27+68+13+84=\square$

■視覚を用いた理解・整理を駆使！

　正解は240。落ち着いて解けばなんでもないが、「どこが視覚的イメージ？」と、不思議に思ったかもしれない。

　実は、計算順序を変えることで、より素早く正確に計算ができる。その際、無意識に活用しているのが視覚的イメージなのだ。

　下の計算法を見てほしい。

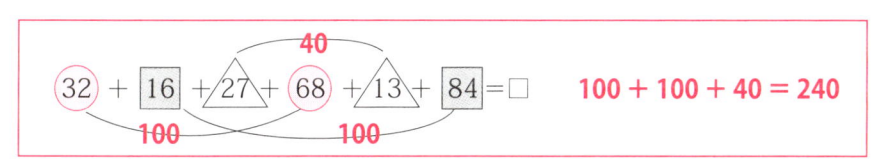

$$(32) + \boxed{16} + \triangle 27 + (68) + \triangle 13 + \boxed{84} = \square \qquad 100 + 100 + 40 = 240$$

（32と68で100、16と84で100、27と13で40）

　足したときに端数が出ない数字をペアにすると、「32と68」、「16と84」、「27と13」が結びつき、頭の中に「100ふたつ、40ひとつ」の"映像"が浮かぶ。まさに視覚的イメージを用いた情報整理術だ。

　視覚による整理術は応用範囲が広い。たとえば、地理ではインダス川とガンジス川の位置を間違えやすい。そこで、地図に国名の「インド」を書き込んでみる。このとき、「イ」に近い方にある川が「インダス川」と視覚的に覚えておけば、もう間違えることはない（右図）。

　本章では数学と英語のミス防止法をメインに紹介するが、他教科でも"視覚的整理術"を大いに活用してほしい。

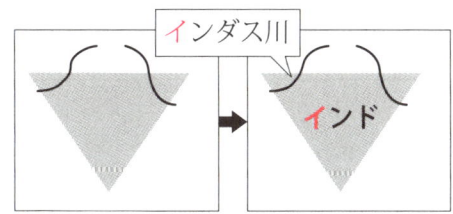

4章　〈見切り発車〉によるミスを防ぐ

《見切り発車》によるミスを防ぐ

Method 31 図を描くまでは走り出さない！

ビジュアルで瞬時に正解を見抜く
Advice to Prevent Careless Mistakes

■ グラフを描いた瞬間に答えが見える！

　不等式や関数などの問題は、慣れてくると、いちいち図（数直線やグラフ）を描かなくても解けるようになる。それでも、"頭の中だけ"で解こうとすると、勘違いや思い込みによるミスが多発する。次の問題例がその典型だ。中学レベルの基本問題だが、高校生でも同様のミスをする人が少なくない。

よくあるミス

【問題例】
　　$y = -3x^2$ の $-1 \leqq x \leqq 4$ における最大値と最小値を求めよ。

✕誤答例
　　$y = -3x^2$ に -1 を代入すると、
　　　　$y = -3 \cdot (-1)^2 = -3$
　　$y = -3x^2$ に 4 を代入すると、
　　　　$y = -3 \cdot 4^2 = -48$
　　よって、
　　　　$x = -1$ で最大値 -3
　　　　$x = 4$ で最小値 -48　…（答）

> $-1 \leqq x \leqq 4$ の範囲だから
> $x = -1$ で最大値だと勘違い

　この問題のポイントは、「上に凸の放物線で、定義域が $-1 \leqq x \leqq 4$ の最大値は頂点 $(0, 0)$ の y 座標」だが、頭の中で考えるより、実際にグラフを描くことで、すべてを瞬時に把握できる。図を描くと描かないでは、題意の把握力が格段に違ってくるので、どんなに簡単な問題でも図を描く習慣をつけよう！

実践アドバイス ● 図を描いて問題の意図を把握！

【問題例】

$y = -3x^2$ の $-1 \leqq x \leqq 4$ における最大値と最小値を求めよ。

○正答例

$y = -3x^2 \ (-1 \leqq x \leqq 4)$ のグラフは右のようになる。

よって、 **改善！** とにかくグラフを描く！

$\begin{cases} x = 0 \text{ で最大値 } 0 \\ x = 4 \text{ で最小値 } -48 \end{cases}$ …（答）

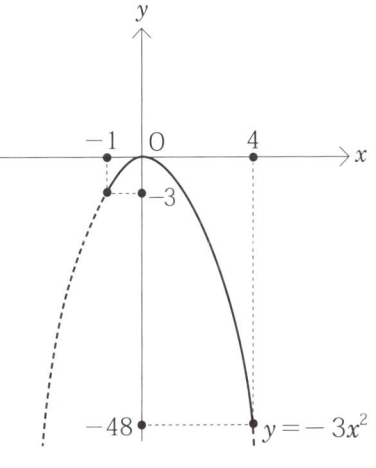

$x = -1 \rightarrow y = -3 \cdot (-1)^2 = -3$
$x = 0 \rightarrow y = 0$
$x = 4 \rightarrow y = -3 \cdot 4^2 = -48$

↑ グラフに数値を書き込む

> **NOTEPAD** 2次関数の最大・最小の問題は、「頂点の座標」と「定義域の両端の y 座標」を比較しながら解くのがセオリーである。

ミス防止の 3原則

1. 頭の中だけで解こうとするのは危険！
2. 必ず図を描いて視覚的に題意を把握する
3. 図は大きめに描き、そこに情報を書き加えていく

《見切り発車》によるミスを防ぐ

Method 32 計算式は横方向にダラダラ伸ばさない

最小限の"視界移動"でミスを防止！
Advice to Prevent Careless Mistakes

■ 横に並んだ計算式は、視覚の混乱を招く！

　受験生の答案を見ていると、計算式を横にダラダラと長く続けるクセがある人が意外に多い。すでに習慣になっているのだろうが、これはできるだけ早いうちに改善した方がよい。

よくあるミス

【問題例】
　次の式を展開せよ。
　$(a-1)^2(2-a)$

×誤答例

$(a-1)^2(2-a) = (a^2-2a+1)(2-a) = 2a^2-a^3-4a+2a$
$+2-a$
$=-a^3+2a^2-4a+2a-a+2$
$=-a^3+2a^2-3a+2 \cdots$（答）

展開ミス
$2a \rightarrow 2a^2$

　誤答例を見れば分かるが、計算式が横に長いと"視線の移動距離"もムダに長くなり、それだけミスをする確率が高くなる。

　誤答例では、計算式を横に伸ばした挙げ句、右端の行き止まりにきたら途中で折り返している。実際の答案では、右にいくほど字が小さくなり、字と字の間隔もキツキツに詰まってくるので、見ているだけでもストレスを感じる。

　計算式は縦に並べるのが基本だ。誤答例と次ページの正答例を、自分の目の動きに注意して比較してほしい。どっちがミスしにくいかは一目瞭然だ。

実践アドバイス ● 計算式は縦に並べるのが基本！

【問題例】

次の式を展開せよ。

$(a-1)^2(2-a)$

○正答例

$(a-1)^2(2-a)$
$= (a^2 - 2a + 1)(2 - a)$
$= 2a^2 - a^3 - 4a + 2a^2 + 2 - a$
$= -a^3 + 4a^2 - 5a + 2 \cdots$（答）

改善！ 式を縦に流していく
視界の移動を小さく

計算テク Method 23 参照

《検算》

答えに $a = 1$ を入れて 0 になるかチェックする。

$-1^3 + 4 \cdot 1^2 - 5 \cdot 1 + 2$
$= -1 - 5 + 4 + 2$
$= -6 + 6$
$= 0 \rightarrow OK!$

見直しテク Method 5 参照

> **NOTEPAD** 式の展開では、指数の見間違い（x^3 と x^2 を取り違えるなど）も多いので注意。指数を少し大きめに書くのもミス防止のポイント。

ミス防止の 3原則 Method 32

1. 計算式は横ではなく縦に並べるのが原則！
2. 同類項の足し算では Method23 を活用する
3. 指数の見間違いにも充分注意する

4章 〈見切り発車〉によるミスを防ぐ Method 32

《見切り発車》によるミスを防ぐ

Method 33 必要な部分だけを抜き出してみよう!

不要な情報を捨てて思考の混乱を防ぐ
Advice to Prevent Careless Mistakes

■ 余計な情報は目に入らないように!

　図形の問題では、余計な情報に振り回されて"思考の乱れ"が生じることがある。まずは、必要な情報とそうでない情報を区別する。そして、不要な情報を目に入らないようにすることが、ミス防止のポイントとなる。

よくあるミス

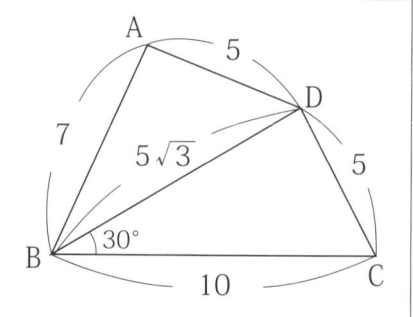

【問題例】
　右の図において、三角形BCDの面積を求めよ。

×誤答例

　三角形BCDの面積をSとする。

$$S = \frac{1}{2} BD \cdot BC \sin \angle DBC$$

$$= \frac{1}{2} \cdot 5\sqrt{3} \cdot 10 \cdot \frac{\sqrt{3}}{2}$$

$$= \frac{75}{2} \cdots (答)$$

$\sin 30° = \frac{1}{2}$ を $\frac{\sqrt{3}}{2}$ と勘違い!

　誤答例では初歩的なミスで点を失っているが、これも"思考の乱れ"と無関係ではないだろう。実はもっと簡単な解き方があるのだが、ピンとこない人は、必要な情報だけを抜き出した図を描いてみるとよい（次ページ参照）。

実践アドバイス ● 必要な情報だけを見て考えよう！

【問題例】
右の図において、三角形BCDの面積を求めよ。

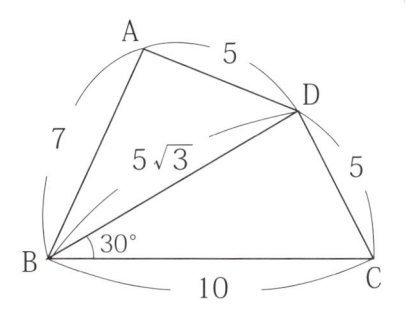

○正答例

三角形BCDは、右のように辺の比が $1:2:\sqrt{3}$ の直角三角形なので、面積は、

$5 \times 5\sqrt{3} \times \dfrac{1}{2}$

$= \dfrac{25\sqrt{3}}{2}$ …（答）

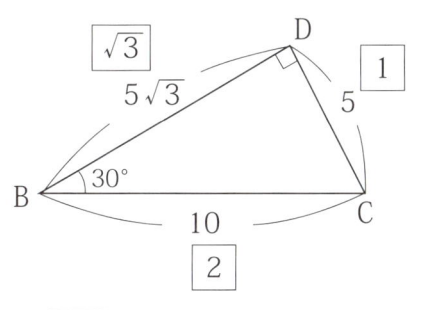

改善！　△BCDだけを描いてみる

NOTEPAD　三辺の長さの比が《$1:2:\sqrt{3}$》のほか、《$3:4:5$》、《$1:1:\sqrt{2}$》の三角形も直角三角形であることを覚えておく。

ミス防止の3原則

1. 図形の問題では、必要な情報だけに注目！
2. 必要な部分だけを自分で描き直してみる
3. 計算ミスの可能性が少ない解法を選択せよ！

《見切り発車》によるミスを防ぐ

Method 34 "同じ仲間"は縦に並べて計算！

高次の数式を開く計算テクニック
Advice to Prevent Careless Mistakes

■ 同じ次数を縦に揃えて展開する工夫

　数式の展開の問題では、項の数が多いほどミスの可能性が高くなる。それを防ぐ工夫として、3章では下線と✓印を使って処理する方法（Method23、84ページ参照）を紹介したが、ここでは、高次の数式を展開する際に、「同じ次数の項を縦に揃える」計算テクニックを紹介しよう。

　下の問題例でミスのパターンとMethod23の復習をしたあと、次ページの正答例2の解き方をマスターしてほしい。

よくあるミス

【問題例】
　次の式を展開せよ。
$$(4x^2 + x - 2)(x^2 - 2x + 4)$$

✕ 誤答例

$(4x^2 + x - 2)(x^2 - 2x + 4)$
$= 4x^4 - 8x^3 + 16x^2 + x^3 - 2x^2 + 4x - 2x^2 + 4x - 8$
$= 4x^4 - 7x^3 + 14x^2 + 8x - 8 \cdots$（答）

→ $-2x^2$ を見落として計算してしまった！

〇 正答例 1（計算テク　Method 23 参照）

$(4x^2 + x - 2)(x^2 - 2x + 4)$
$= 4x^4 - 8x^3 + 16x^2 + x^3 - 2x^2 + 4x - 2x^2 + 4x - 8$
$= 4x^4 - 7x^3 + 12x^2 + 8x - 8 \cdots$（答）

実践アドバイス ● 同じ次数を縦に並べて計算する

【問題例】

次の式を展開せよ。
$$(4x^2+x-2)(x^2-2x+4)$$

○正答例2

$$(4x^2+x-2)(x^2-2x+4)$$
$$= 4x^4 - 8x^3 + 16x^2$$
$$ + x^3 - 2x^2 + 4x$$
$$ 2x^2 + 4x - 8$$
$$= 4x^4 - 7x^3 + 12x^2 + 8x - 8 \cdots (答)$$

計算テク 同じ次数が縦に並ぶように展開し、縦のラインで足していく

- そのまま
- $-8x^3 + x^3$
- $16x^2 - 2x^2 - 2x^2$
- $4x + 4x$
- そのまま

NOTEPAD こうしたテクニックは、実際に自分で試しながらマスターすることが絶対条件。肌に合わなければ無理をして使う必要はない。

ミス防止の3原則 Method 34

1. 同じ次数を縦に揃えて展開するとスッキリ！
2. 計算テクニックは、実践しながらマスターする
3. 最終的には自分に合った方法を使う

《見切り発車》によるミスを防ぐ

Method 35 長い文章題は、図を描いて整理!

視覚的イメージで題意を理解する

Advice to Prevent Careless Mistakes

■ 題意の理解は図を描きながら!

　文章題を解くときに、文章の意味をしっかり理解しないうちに、何となく式を立ててしまう人が少なくない。読解力が足りないのではなく、情報の整理が下手なだけだと考えてほしい。ここで活用すべきなのが図による整理だ。

よくあるミス

【問題例】

　鉛筆を何人かの子どもに分けるとき、ひとり5本ずつ分けると10本余り、ひとり7本ずつ分けようとすると、ひとりだけ3本より少なくなる。子どもの人数と鉛筆の総本数を求めよ。

✕誤答例

$5x + 10 > 7x - 3$ より

$-2x > -13$

$x < \dfrac{13}{2}$ より $x = 6$

$5 \times 6 + 10 = 40$　　よって、子ども6人、鉛筆40本 …(答)

題意を把握できていない!

　誤答例を見ると、「不等式を使って解く」ことは分かっても、どこに着目してどう解けばいいのか分からないまま式を立ててしまった感じだ。こうした場合、次ページで示したような簡単な図を描いて題意の理解を優先させる。題意をきちんと把握できれば、自然に式が見えてくる。文章題は、実力が問われる問題形式だが、本当に問われているのは「題意把握力」なのだ。

実践アドバイス ● 図で題意を把握して式を立てる！

【問題例】

鉛筆を何人かの子どもに分けるとき、ひとり5本ずつ分けると10本余り、ひとり7本ずつ分けようとすると、ひとりだけ3本より少なくなる。子どもの人数と鉛筆の総本数を求めよ。

○正答例

子どもの人数をxとすると、鉛筆の総本数は、

$5x+10$　で表せる。

ひとり7本ずつ分けると、最後の子は0本か1本か2本であることから、

$0 \leqq 5x+10-7(x-1) < 3$

$0 \leqq -2x+17 < 3$

$-17 \leqq -2x < -14$

$\dfrac{17}{2} \geqq x > 7$

$7 < x \leqq 8.5$ より

$x=8$, $5 \times 8 + 10 = 50$　<u>子ども8人、鉛筆50本 …（答）</u>

改善！ 図を描いて題意を考える

```
         子ども    鉛筆   鉛筆
          ●  ― 5 ― 7
          ●  ― 5 ― 7
    x     ●  ― 5 ― 7    x-1
   (人)   ●  ― 5 ― 7    (人)
          ⋮    ⋮    ⋮
          ●  ― 5 ― 7
          ●  ― 5 ― 3より少ない
                  ↓      (0, 1, 2)
                余り10本
                  ↓
              5x+10…鉛筆の本数
```

> **NOTEPAD**　記述式の問題では、図などを描いて題意を把握できていることを説明するだけで中間点をもらえる可能性もある。

ミス防止の3原則　Method 35

1. 文章題は"頭の中だけ"で考えない！
2. とにかく図を描いてから考える
3. 描いた図を見て、素直に式を立ててみよう！

《見切り発車》によるミスを防ぐ

Method 36 図を描き直して対応関係を把握!

相似の対応関係を確実に見抜く

Advice to Prevent Careless Mistakes

■相似形は"仲良く並べて"描き直す！

　まずは下の問題例の図形を見てほしい。三角形ABPと三角形DCPはたしかに相似であるが、誤答例では対応する辺を取り違えている。見た目で、辺APと辺DPが対応していると思い込んでしまったようである。

よくあるミス

【問題例】
　右の図において、xを求めよ。ただし、四角形ABCDは円に内接し、ADとBCの延長の交点をPとする。

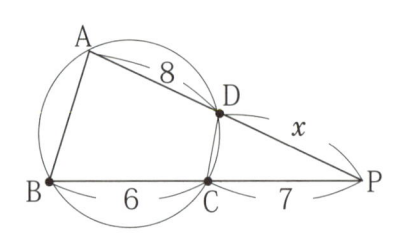

×誤答例

　$\triangle ABP \infty \triangle DCP$ より
$$(6+7):7 = (8+x):x$$
$$7(8+x) = 13x$$
$$56 + 7x = 13x$$
$$56 = 6x \quad x = \frac{56}{6} = \frac{28}{3} \quad \cdots（答）$$

相似の三角形の辺の対応関係を間違えている

　こうした場合、対応関係が一致するように図を描き直すと、混乱せずに比例式を立てられる（次ページ参照）。ちなみに、この問題は「方べきの定理」（数学A）を習っていれば、一発で比例式を立てられる（別解参照）。

114

実践アドバイス ● 図を描き直して対応関係を把握！

【問題例】

右の図において、x を求めよ。ただし、四角形ABCDは円に内接し、ADとBCの延長の交点をPとする。

円に内接する四角形の向かい合う角の和は180°である
↓
∠PAB＝∠PCD

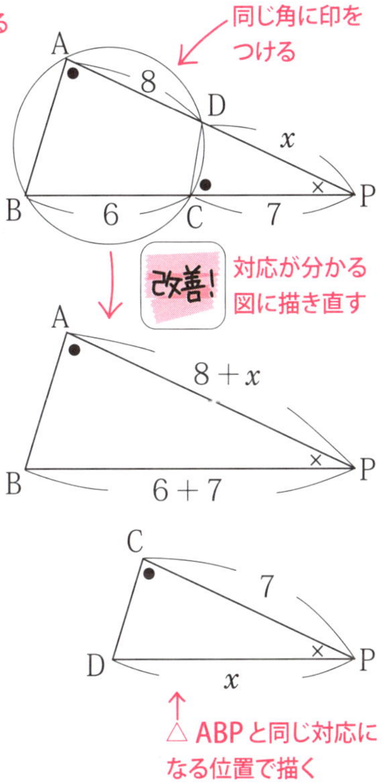

同じ角に印をつける

改善！ 対応が分かる図に描き直す

△ABPと同じ対応になる位置で描く

○正答例

△ABPと△CPDは、
  ∠PAB＝∠PCD …①
  ∠BPA＝∠DPC …②
より2角が等しいので相似。
よって、
$13 : (8+x) = x : 7$
$(8+x)x = 13 \times 7$
$x^2 + 8x - 91 = 0$ …③

$x > 0$ より、③を解いて　$x = -4 + \sqrt{107}$ …（答）

《別解》

方べきの定理より、
  $(8+x)x = 13 \times 7$ → 以下正答例と同じ

ミス防止の3原則　Method 36

1. "見た目だけ"で相似の判断をしない
2. 同じ角に印をつけて、対応関係を把握する
3. 対応関係が"見た目"で分かる図に描き直せ！

《見切り発車》によるミスを防ぐ

Method 37 SとVがひと目で分かるように！

下線部問題での混乱を防ぐ工夫
Advice to Prevent Careless Mistakes

■ "こなれた和訳"より英文に忠実な直訳で！

　英文和訳の問題では、「英文の構造を把握できていない」「忠実に訳されていない」と採点者に判断された場合、減点を覚悟しなければならない。厳しい採点者であれば、容赦なく０点をつけるかもしれない。そのことを踏まえて、次の問題例を見てほしい。

よくあるミス

【問題例】
　次の英文を和訳せよ。
　　Some students dream of studying abroad.

✕誤答例
　海外で勉強することが夢だと言う学生もいる。
　　　　　　　　　　　　　　　✕

元の英語にない意訳
↓
減点対象になる

　誤答例の「言う」に対応する語句は、元の英文では見当たらない。これでも正解にしてくれる採点者がいるかもしれないが、「意訳のしすぎ」と受け止められないように、できるだけ英文に忠実な訳を心がけたほうがよいだろう。
　その際、ポイントとなるのは、主語（Ｓ）と述語動詞（Ｖ）の把握だ。ＳとＶで文の骨格が決まるので、まずは主語と述語動詞だけで和訳を書き、そこに修飾句（あるいは修飾節）を適切に挿入して全体の直訳を書く。
　最後に、「こなれた日本語」にするために文章を整える。この問題例の場合では、Some〜を「〜もいる」とする"お約束の表現"がそれだ。

実践アドバイス ● ＳとＶの骨格に肉付けをしよう！

【問題例】

次の英文を和訳せよ。

Some students dream of studying abroad.

✓CHECK IT OUT！

改善！

1. **主語（Ｓ）と述語動詞（Ｖ）に記号を書き込む**

→ <u>Some students</u> <u>dream</u> of studying abroad.
　　　　Ｓ　　　　　Ｖ

2. **ＳとＶだけで和訳を構成する**
→「何人かの学生は夢見る」
3. **修飾語句を加えて文章を整える**
→「何人かの学生は海外で勉強することを夢見る」
4. **こなれた日本語にする**（正答例参照）

○正答例

海外で勉強することを夢見る学生もいる。

NOTEPAD　英文和訳でどこまでの意訳が許されるかは難しいところだが、直訳風で多少ぎこちなくても忠実な和訳を目指す方が無難。

ミス防止の3原則
Method 37

1. フィーリングに頼った和訳は厳禁！
2. ＳとＶの骨格に修飾句（節）を肉付けする
3. 意訳のしすぎに注意、あくまで英文に忠実に！

4章 〈見切り発車〉によるミスを防ぐ　Method 37

《見切り発車》によるミスを防ぐ

Method 38 紛らわしい公式は、余白に書き出しておく

"公式の混同"からくるミスを防ぐ
Advice to Prevent Careless Mistakes

■ "頭の中の公式"は手で書いて目で確認！

「図形と計量」（数学Ⅰ）や「図形の性質」（数学A）などの単元では、似たような形の公式が出てくるので、問題を解いているうちに「あれ、どっちだったっけ？」と混乱してミスることがよくある。典型例を示そう。

よくあるミス

【問題例】

$\sin 160° \cos 70° + \cos 20° \sin 70°$ の値を求めよ。

×誤答例

$\sin 160° \cos 70° + \cos 20° \sin 70°$
$= \sin(180° - 20°)\cos(90° - 20°) + \cos 20° \sin(90° - 20°)$
$= -\sin 20° \sin 20° + \cos 20° \cos 20°$
$= -\sin^2 20° + \cos^2 20°$
$= -\sin^2 20° + (1 - \sin^2 20°)$
$= -2\sin^2 20° + 1$
$= ?$

$\sin(180° - \theta) = \sin\theta$ より マイナスは不要！

誤答例では、$\sin(180° - \theta) = -\sin\theta$ と勘違いしている。公式を確実に暗記している人でも、こうしたミスはよく起きる。"頭の中にある公式"を、頭の中だけで操作しようとするからだ。公式は、「目で確認しながら適用する」のが一番確実でミスがない。問題を解く前に公式をすべて余白に書き出し、いちいち確認しながら解く習慣をつけると、この手のミスは劇的に減らせる。

実践アドバイス ● 公式は「目で確認しながら」適用！

【問題例】

$\sin 160° \cos 70° + \cos 20° \sin 70°$ の値を求めよ。

○正答例

$\sin 160° = \sin(180° - 20°) = \sin 20°$
$\cos 70° = \cos(90° - 20°) = \sin 20°$
$\sin 70° = \sin(90° - 20°) = \cos 20°$

以上より、

$\sin 160° \cos 70° + \cos 20° \sin 70°$
$= \sin 20° \sin 20° + \cos 20° \cos 20°$
$= \sin^2 20° + \cos^2 20°$
$= 1$

$1 \cdots$(答)

●余白

$\sin(90° - \theta) = \cos \theta$
$\cos(90° - \theta) = \sin \theta$
$\sin(180° - \theta) = \sin \theta$
$\cos(180° - \theta) = -\cos \theta$

改善！ 解く前に、余白に公式を書き出しておく

NOTEPAD　余白に書き出す公式を間違えては元も子もないので、「紛らわしい公式を素早く正確に書き出す練習」もしておきたい。

ミス防止の3原則

1. 使えそうな公式は、すべて余白に書き出しておく！
2. 書き出した公式を見ながら問題を解く
3. 公式は素早く、正確に書き出せるように！

《見切り発車》によるミスを防ぐ

Method 39 立体図形は平面図形に直してから考える

複雑な立体図よりシンプルな平面図
Advice to Prevent Careless Mistakes

■ 立体図形は平面図形の"寄せ集め"だ！

　立体図形の問題では"空間把握能力"が問われるので、平面図形の問題よりも一般的に難度は高い。たしかに、見た目は平面図形よりも複雑なので、ちょっとしたことで頭が混乱してつまらないミスを犯しやすい。

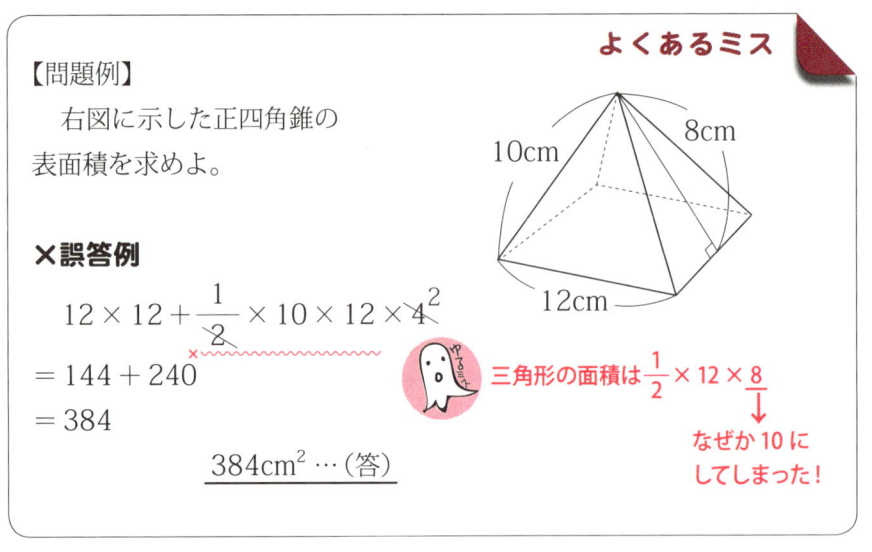

よくあるミス

【問題例】
　右図に示した正四角錐の表面積を求めよ。

×誤答例

$$12 \times 12 + \frac{1}{2} \times 10 \times 12 \times 4$$
$$= 144 + 240$$
$$= 384$$

$$\underline{384 \text{cm}^2 \cdots (答)}$$

三角形の面積は $\frac{1}{2} \times 12 \times 8$
↓
なぜか10にしてしまった！

　誤答例では、使う必要のない数値（10cm）を三角形の面積の計算に組み込んでしまった。「なぜそんなことを…」と、本人も首をひねるような不思議なミスだが、「原因がはっきりしないミス」が多いのも立体図形の特徴である。
　しかし、立体図形を「平面図形の寄せ集め」と捉え、平面図形に分解してみると考えやすくなる。上の問題例では、正四角錐を「正方形＋三角形」の平面図に描き直して、それぞれの面積を出せば間違えようがない（次ページ参照）。

実践アドバイス ● 立体図は平面図に分解する！

【問題例】
　右図に示した正四角錐の表面積を求めよ。

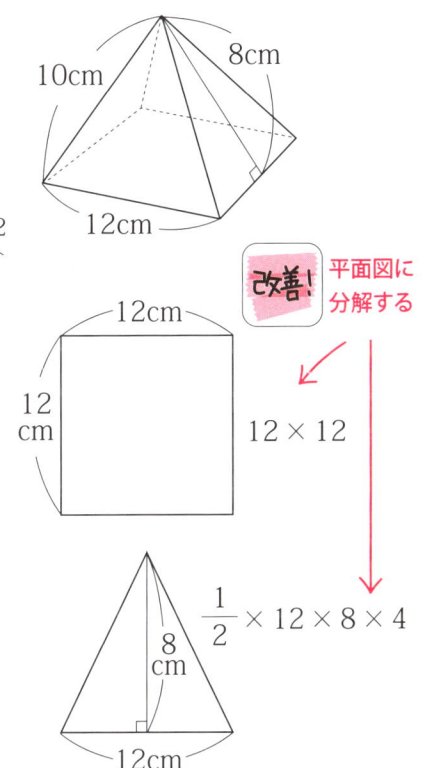

○正答例

$$12 \times 12 + \frac{1}{2} \times 12 \times 8 \times 4^2$$
$$= 144 + (96 \times 2)$$
$$= 144 + 192$$
$$= 336$$

$\underline{336 \text{cm}^2 \cdots (\text{答})}$

改善！　平面図に分解する

12×12

$\frac{1}{2} \times 12 \times 8 \times 4$

> **NOTEPAD** 立体図形の問題では「必要な部分だけ抜き出す」手法（Method33）も有効で、単純化して考えるのがミス防止のツボとなる。

ミス防止の3原則 Method 39

1. 余計な情報に惑わされない！
2. 立体図形は"平面図形の寄せ集め"と考える
3. 立体を分解してできる平面図を描き直してみる

4章 〈見切り発車〉によるミスを防ぐ　Method 39

《見切り発車》によるミスを防ぐ

Method 40 グラフを描くときは、目盛り線を入れる!

正確な図を描けばミスに気づける
Advice to Prevent Careless Mistakes

■図は口ほどにものを言う!

　試験では、特別の場合を除いて定規などを使えないので、図やグラフはフリーハンドで描くことになる。その際、できるだけ正確に描いておくと、題意を明瞭に把握できるし、次の問題例のようにミスの発見にも威力を発揮する。

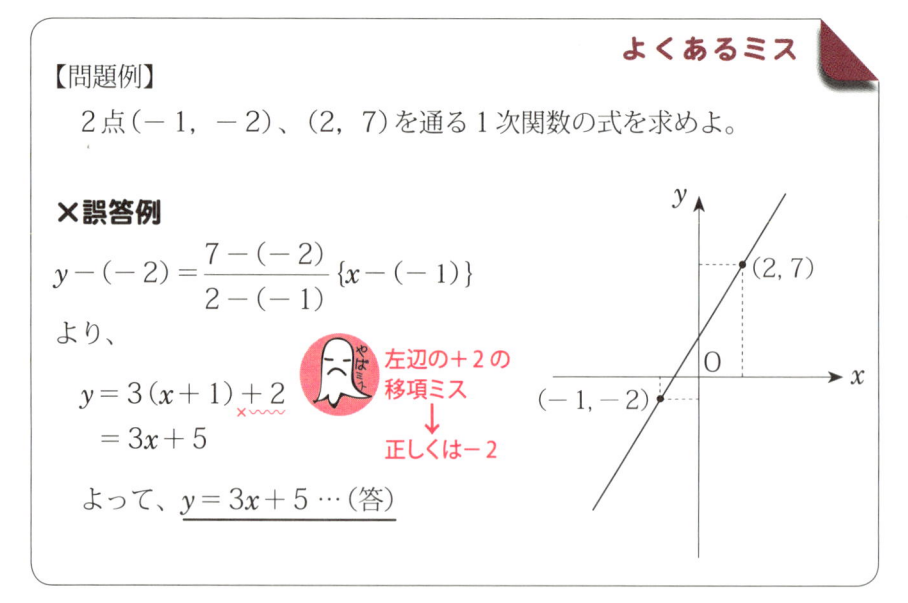

よくあるミス

【問題例】
　2点$(-1, -2)$、$(2, 7)$を通る1次関数の式を求めよ。

×誤答例

$$y-(-2) = \frac{7-(-2)}{2-(-1)}\{x-(-1)\}$$

より、

$$y = 3(x+1) + 2$$
$$= 3x + 5$$

左辺の＋2の移項ミス
↓
正しくは−2

よって、$\underline{y = 3x + 5}$ …(答)

　求める直線の式は計算だけでも求められる。ただ、グラフを描くことで「直線の傾き」や「y切片」($x=0$のときのyの値)を視覚的に確認できるので、題意の把握や立式が容易になる。もっとも、上の誤答例では、かなりアバウトにグラフを描いたため、計算ミスに気づけていない。グラフに目盛りを入れ、できるだけ正確に描いていれば確実に防げるミスだ(次ページ参照)。

実践アドバイス ● 図はできるだけ正確に描こう！

【問題例】

2点$(-1, -2)$、$(2, 7)$を通る1次関数の式を求めよ。

×解答例（見直し前）

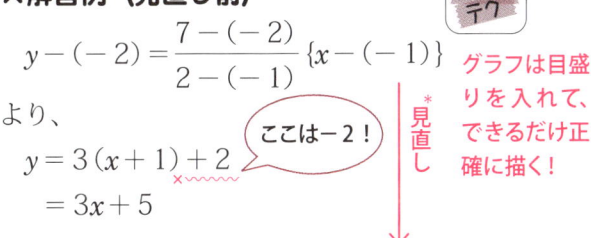

見直しテク

$y - (-2) = \dfrac{7 - (-2)}{2 - (-1)} \{x - (-1)\}$

より、

$y = 3(x + 1) + 2$ ←ここは－2！

$= 3x + 5$

見直し

グラフは目盛りを入れて、できるだけ正確に描く！

$(2, 7)$

$(0, 1)$あたりを通っている

$(-1, -2)$

※ここでグラフを見て確認
↓
グラフではy切片が1なので、見直しをする*

○解答例（見直し後）

$y = 3(x + 1) - 2$

$= 3x + 1$

$y = 3x + 1 \cdots$（答）

NOTEPAD 図は描いておいて損をすることはない。図形問題ではできるだけ正確に図を描くと、角度の大きさが一発で見えてしまうことも。

ミス防止の3原則
Method 40

1. 計算だけで解ける問題でも、念のため図を描く！
2. 図やグラフはできるだけ正確に描く！
3. 答えが出たら、図やグラフと照合してみる

4章 〈見切り発車〉によるミスを防ぐ Method 40

「ミスしない体質」を作る ちょっとした習慣術 ④

疑問点をすぐに調べるクセをつけよう！

● **必要なのは軽快なフットワーク！**

　テストを解いていて、「どっちだったっけ？」と迷うことがあるだろう。たとえば英語では、似たような綴りで意味が違う単語がたくさんある。expectとexcept、forkとfolk、desertとdessert…

　"まぎらわしいもの"を識別できないのは、根本的には「記憶の甘さ」が原因だ。しかし、それはあとからでも修正が利く。修正の機会を逃すと、もともとあやふやな記憶がいっそうぼやけていく。

　曖昧な記憶をハッキリさせるのに最適なタイミングは、「あれ、どうだったっけ？」と迷ったり疑問に思ったりしたときだ。あとは、その場で調べるフットワークの軽さがあるかどうか。

　受験生を見ていると、迷いや疑問が生じても「その場で調べる」ことをしない人が少なくない。おそらく、勉強以外のことでもそうなのだろう。だから、いつまでたっても同じようなミスをくり返す。

　大切なのは、「疑問に思ったことはその場ですぐに調べる」習慣をつけることだ。要は、普段の生活での"姿勢"の問題だ。

　「マンガを読んでいて知らない言葉があった。すぐ調べてみよう」

　そう。その姿勢、その軽快なフットワーク！

　「マズい、expectとexceptがごっちゃになっている…」

　調べてみよう。この場で、いますぐ！

5章

《疲労・集中力低下》による
ミスを防ぐ10の方法

ガッチリ守る！ Method 41 ▶ Method 50

> この章のはじめに

目にストレスを与えない答案術

《疲労・集中力低下》によるミスを防ぐ10の方法
How to Prevent Careless Mistakes

■ "前半戦"で着実に点を積み上げる

　試験では、「解けそうな問題から順に解く」のが鉄則中の鉄則だ。試験の後半になると、どうしても疲れてきてミスが出やすくなる。それまでに「確実に解ける問題」をミスなく解き切っておくのが、高得点ゲットの絶対条件だ。

　一番よくないのは、「解けそうな問題」を最後に何問も残してしまうことである。ただでさえ疲れているのに、そこに焦りが加わって、"つまらないミス"をする可能性が一段と高まる。

　「解けそうな問題から順に解く」戦術は、ミス防止の観点からも非常に有効なので、最初に強調しておきたい。しっかり頭に入れて実践してほしい。

■ "目の勘違い"からくるケアレスミス

　試験を受けているときの疲労は主に目からくる。疲労による集中力の低下は、"視覚の変調"としても現れる。たとえば下の空欄補充問題。

【問】空欄に入るもっとも適当なものを1〜4から選べ。
　　　This book is (　　　) difficult than that one for me.
　　　　1　much　　2　more　　3　many　　4　most

　正解が2なのはすぐに分かる。ところが、疲れていると、解答欄にうっかり3と書いてしまうミスが発生しやすい。なぜこんなバカバカしい間違いをしてしまうのか。原因は疲労による"目の勘違い"だ。

■疲れた目にかかる負担を減らす！

　先のような空欄補充の問題は、試験では5問、10問と、まとまった数で出題されるので、手早く処理しなければならない。選択肢を左から右に目で追うときの「視界の動き」と「思考・判断」を表すと下のようになる。

　muchは違うと判断してmoreにさしかかると、右隣の選択肢「3」の数字が同じ強度で視界中央に入ってくる。

　ここで正解はmoreと判断するが、右側の「3」がmoreと結びついて記憶に残り、解答欄にうっかり3を書いてしまうのである。

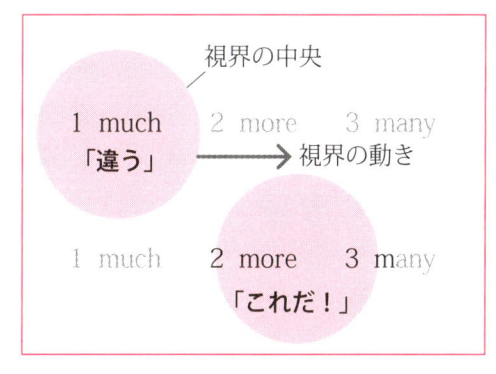

```
                    視界の中央
   1 much      2 more    3 many
   「違う」  ──→ 視界の動き

   1 much     2 more     3 many
              「これだ！」
```

　普段なら絶対にやらないのに、疲れたときや焦っているときは「意識が飛んでいた」としか思えないようなミスがしばしば発生する。

　こうしたミスを防ぐ工夫は、普段、疲れていないときから習慣化しておく必要がある。たとえば、下のように選択肢に印をつけてから解答する習慣がついている人なら、いくら疲れていてもこんな勘違いは防げる。

　　　✕ much　　② more　　✕ many　　✕ most

　最終章では、目に余計なストレスを与えない答案技術を中心に、「疲れていてもミスをしない」ためのノウハウを伝えたい。

《疲労・集中力低下》によるミスを防ぐ

Method 41 余白を区切って スッキリ見やすく！

余白の"区画整理"で頭スッキリ

Advice to Prevent Careless Mistakes

■ **余白を上手に使って脳をリセット！**

　問題用紙や答案の余白は、"脳の延長"のようなものである。余白に記された計算の跡を見るだけでも、その人が「どんな方針でどう解いたのか」が分かってしまうのだ。疲れて頭の働きが鈍ると、余白にもそれが表れてくる。

よくあるミス

【問題例】

$x = \sqrt{6} + \sqrt{2}$、$y = \sqrt{6} - \sqrt{2}$ のとき、

$x^2 - y^2 = \boxed{\quad ア \quad}$、$x^5 y^3 - x^3 y^5 = \boxed{\quad イ \quad}$ である。

×誤答例

$x^2 - y^2 = (x+y)(x-y)$

$x^5 y^3 - x^3 y^5 = x^3 y^3 (x^2 - y^2)$

なので、$x+y$、$x-y$、xy がわかればよい。

$x+y = 2\sqrt{6}$, $x-y = 2\sqrt{2}$, $xy = 6 - 2 = 4$

よって、$x^2 - y^2 = 2\sqrt{6} \cdot 2\sqrt{2} = 4\sqrt{12} = 8\sqrt{3}$ …（アの答）**正解**

$x^5 y^3 - x^3 y^5 = 6^3 \cdot 8\sqrt{3} = 1728\sqrt{3}$ …（イの答）**不正解**

（xy の値を 6 と見間違えた → 本当は 4）

　誤答例では、ゴチャゴチャした計算の跡を見ているうちに、余計に集中力が乱れて"うっかりミス"を犯している。しかし、逆に、余白の計算がスッキリと整理されていれば、見間違いや勘違いを防ぐことができる。

　疲れて頭が混乱しているときは、余白を上手に使うことでリセットできる。たった 1 本の線で余白を区切るだけで、脳も目もスッキリ爽快！

実践アドバイス ●"縦の一本線"で集中力を回復！

【問題例】

$x = \sqrt{6} + \sqrt{2}$、$y = \sqrt{6} - \sqrt{2}$ のとき、

$x^2 - y^2 = \boxed{\text{ア}}$、$x^5 y^3 - x^3 y^5 = \boxed{\text{イ}}$ である。

改善！ 余白を線で区切ってスッキリ見やすく！

○正答例

$x^2 - y^2 = \underline{(x+y)(x-y)}$
$x^5 y^3 - x^3 y^5 = \underline{x^3 y^3 (x^2 - y^2)}$

なので、$x+y$、$x-y$、xy の値がわかればよい。

$\begin{cases} x+y = \underline{2\sqrt{6}} & \cdots ① \\ x-y = \underline{2\sqrt{2}} & \cdots ② \\ xy = 6 - 2 = \underline{4} & \cdots ③ \end{cases}$

最初に中央に引く

（ア）
$x^2 - y^2 = \underline{2\sqrt{6} \cdot 2\sqrt{2}}$ ①×②
$= 4\sqrt{12}$
$= 4 \cdot 2\sqrt{3}$
$= \underline{8\sqrt{3}}$ …（アの答）

（イ）
$x^5 y^3 - x^3 y^5$
$= 4^3 \cdot 8\sqrt{3}$ （ア）の答え
$= 64 \cdot 8\sqrt{3}$
$= \underline{512\sqrt{3}}$ …（イの答）

```
      8
   ×) 64
     32
     48
    512
```

Method 41

《疲労・集中力低下》によるミスを防ぐ

NOTEPAD 計算する前の余白の中央に縦棒を引いておき、ひとつ山を越えるたびに横棒を引いて余白の"区画整理"をするのがポイント。

ミス防止の3原則 Method 41

1. 余白の中央に縦棒を一本引け！
2. "計算式のセンテンス"は横棒で表す
3. 重要な数値には下線を引いておこう！

《疲労・集中力低下》によるミスを防ぐ

Method 42 "汚い数値"が出てきたらミスを疑え！

計算結果の"見た目"を重視する

Advice to Prevent Careless Mistakes

■直感的に「変だ」と思ったら見直そう！

　集中力が落ちてくれば、ミスも増えてくる。これはある程度仕方がない。問題は、疲れていると「ミスを疑う」とか「見直しをしてみる」といったことすら億劫(おっくう)になってしまうことだ。しかし、計算して出てきた答えが「どうも変な数値だな」と思ったときは、面倒でも見直しをする習慣をつけたい。

よくあるミス

【問題例】

2次関数

$$y = 3x^2 + 7x + 2$$

とx軸との交点の座標を求めよ。

×誤答例

$3x^2 + 7x + 2 = 0$とすると、解の公式より、

$$x = \frac{-7 \pm \sqrt{49 + 4 \cdot 3 \cdot 2}}{2 \cdot 3}$$

うっかり「＋」にしてしまった！

$$= \frac{-7 \pm \sqrt{73}}{6} \quad \left(\frac{-7 - \sqrt{73}}{6}, 0\right), \left(\frac{-7 + \sqrt{73}}{6}, 0\right) \cdots (答)$$

　計算結果を見て「あれ、ちょっと変だな」と疑う"嗅覚"は、問題をたくさん解いているうちに身についてくる。集中力が低下して頭の働きが鈍っているときは、「ミスを疑う嗅覚」がより重要になってくるのだ。

実践アドバイス ●"変な数値"が出たら必ず見直しを！

【問題例】

2次関数
$$y = 3x^2 + 7x + 2$$
とx軸との交点の座標を求めよ。

×解答例（見直し前）

$3x^2 + 7x + 2 = 0$とする。解の公式より、

$$x = \frac{-7 \pm \sqrt{49 + 4 \cdot 3 \cdot 2}}{2 \cdot 3}$$

$$= \frac{-7 + \sqrt{73}}{6}$$

✓CHECK IT OUT！

答えの数値が"汚い"ときはミスを疑う

→見直しと再計算でルートの中のミスを発見！

$$\sqrt{49 + 4 \cdot 3 \cdot 2} \rightarrow \sqrt{49 - 4 \cdot 3 \cdot 2} = \sqrt{25}$$

↳ここでミス

○解答例（見直し後）

$$x = \frac{-7 \pm \sqrt{25}}{6}$$

$$= \frac{-7 \pm 5}{6} \text{ より、} (2, 0), \left(-\frac{1}{3}, 0\right) \cdots (答)$$

ミス防止の3原則

1. "汚い答え"が出たときはミスを疑え！
2. 「ミスはするもの」という前提で見直しを徹底！
3. 集中力の低下は、直感や"嗅覚"で補う

《疲労・集中力低下》によるミスを防ぐ

Method 43 解答の流れを余白にメモする

「やるべきこと」を視覚で確認する

Advice to Prevent Careless Mistakes

■計算しているうちに目的を忘れるポカ

集中力が落ちているときは、本当にアホらしいミスをすることがある。機械的な計算をしているうちに、「その前にした大切なこと」を完全に忘れてしまい、計算結果をそのまま解答欄に記入してしまう。もちろん、ミスをした自覚はまったくない。次の誤答例などはその典型だ。

よくあるミス

【問題例】

$(x^2+4x+1)(x^2+4x-7)+2$ を展開せよ。

×誤答例

$x^2+4x=a$ とする。

$$\begin{align}(与式) &= (a+1)(a-7)+2 \\ &= a^2+(1-7)a+1\cdot(-7)+2 \\ &= a^2-6a-7+2 \\ &= a^2-6a-5 \cdots (答)\end{align}$$

← $a=x^2+4x$ を代入するのを忘れている

"置き換え"の式を書いたときは、「あとで代入する」ということを認識している。ところが、計算に没頭して"代入する前の式"が出ると、ホッとして自分で"置き換え"をしたことを忘れてしまう…。こういうポカが多い人は、「やるべきこと」を余白にメモしてから問題を解くようにしよう。これはミス防止のためだけでなく、方針を考えるときの"頭の整理"にも役立つ。

実践アドバイス ● 余白に"解き方"をまとめておく！

【問題例】

$(x^2 + 4x + 1)(x^2 + 4x - 7) + 2$ を展開せよ。

改善！　余白に解法の流れをメモしておく

○正答例

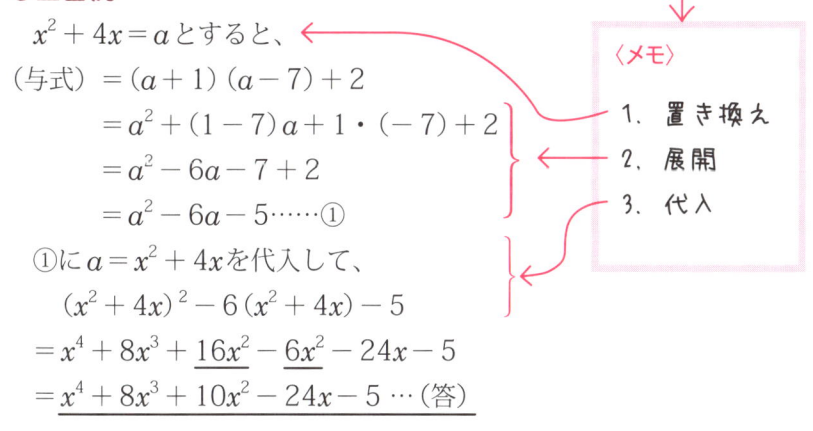

$x^2 + 4x = a$ とすると、

(与式) $= (a+1)(a-7)+2$
$= a^2 + (1-7)a + 1 \cdot (-7) + 2$
$= a^2 - 6a - 7 + 2$
$= a^2 - 6a - 5 \cdots$ ①

①に $a = x^2 + 4x$ を代入して、
$(x^2 + 4x)^2 - 6(x^2 + 4x) - 5$
$= x^4 + 8x^3 + \underline{16x^2} - \underline{6x^2} - 24x - 5$
$= \underline{x^4 + 8x^3 + 10x^2 - 24x - 5} \cdots$ (答)

〈メモ〉
1. 置き換え
2. 展開
3. 代入

NOTEPAD　難しい問題を解くときも、「やるべきこと」をメモすることで、解法の糸口が見つかることがある。ぜひ実践してみてほしい。

ミス防止の3原則　Method 43

1. "解法の流れ"を余白にメモしておく
2. 疲れていないときも"解法メモ"は有効！
3. メモをしながら頭の中も整理する！

《疲労・集中力低下》によるミスを防ぐ

Method 44 頭が疲れたときは、手をフルに使う！

下線を引いて疲れた頭をアシスト！

Advice to Prevent Careless Mistakes

■ 疲れと焦りで"読み取り力"が落ちたら…

疲れて集中力が落ちているところに焦りが加わると、問題文を読んでも、内容がなかなか頭に入ってこない。挙げ句、つまらない読み違いで自滅…

よくあるミス

【問題例】

yがxに反比例するものを、次のア〜ウのうちから選べ。
- ア　縦がx cm、横が10cmの長方形の面積はy cm^2
- イ　底辺がx cm、高さがy cmの三角形の面積は20cm^2
- ウ　1辺がx cmの立方体の体積はy cm^3

×誤答例

ア $\to 10x = y \to y = 10x$

イ $\to \dfrac{1}{2}xy = 20 \to xy = 40 \to y = \dfrac{40}{x}$

ウ $\to x^3 = y \to y = x^3$

「反比例」を「比例」と読み違えた

ア …（答）

こういうときは、問題文のポイントに下線を引きながら慎重に読み、勘違いや読み違いを防ぐための書き込みを目立たせる（次ページ参照）。手を動かすことで脳に刺激を与えるのだ。疲れたと思ったらとにかく実践してみよう。集中力や思考力の低下は、手や目でフォローするしかない。

実践アドバイス ● 下線や書き込みで"思い違い"を防ぐ！

【問題例】

> y が x に反比例するものを、次のア〜ウのうちから選べ。
> ア　縦が x cm、横が 10cm の長方形の面積は y cm²
> イ　底辺が x cm、高さが y cm の三角形の面積は 20cm²
> ウ　1辺が x cm の立方体の体積は y cm³

✓ CHECK IT OUT！　　改善！

1. 重要な箇所を下線や囲みで強調しながら読む
2. 「求めるもの」を"指差呼称"でチェックする

○正答例

> y が x に <u>反比例</u> するものを、次のア〜ウのうちから選べ。
> ア　縦が ⓧcm、横が ⑩cm の 長方形 の面積は ⓨcm²　　比例
> ㋑　底辺が ⓧcm、高さが ⓨcm の 三角形 の面積は ⑳cm²　　反比例
> ×ウ　1辺が ⓧcm の 立方体 の体積は ⓨcm³　×

ア　→　$10x = y$　→　$y = 10x$　　比例

イ　→　$\dfrac{1}{2}xy = 20$　→　$xy = 40$　→　$y = \dfrac{40}{x}$　　(反比例)

ウ　→　$x^3 = y$　→　$y = x^3$　×

イ…(答)

ミス防止の 3原則　Method 44

1. 疲れてきたら、問題文をゆっくり慎重に読む
2. 下線や囲みを使いながら、題意を確実に把握！
3. 「求めるもの」は"指差呼称"で確実にチェック！

《疲労・集中力低下》によるミスを防ぐ

Method 45 計算量が少ない解き方を選択！

ラクな解法を探す"30秒シンキング"

Advice to Prevent Careless Mistakes

■ "脊髄反射"で解く前に30秒だけ考える

　疲れているときは問題を早く片づけたいので、最初に思いついた解法でゴリゴリ解こうとする。しかし、その前にせめて30秒でいいから、「もっとラクに解けないか？」を考えてみよう。センター試験や模試で小問があるときは、前問の解答を利用してラクに解けることも少なくない（次ページ参照）。

よくあるミス

【問題例】
次の2次方程式を解け。
$(2x-5)^2 - 3 = 0$

×誤答例

$4x^2 - 20x + 22 = 0$

$x = \dfrac{20 \pm \sqrt{20^2 - 4\cdot 4\cdot 22}}{8} = \dfrac{20 \pm \sqrt{352}}{8} = \dfrac{\overset{5}{\cancel{20}} \pm \overset{1}{\cancel{4}}\sqrt{22}}{\underset{2}{\cancel{8}}}$

$= \dfrac{5 \pm \sqrt{22}}{2}$ …（答）

→ ルートの中の計算をミス！ $20^2 - 352 = 48$ が正しい

○正答例

計算テク → 展開せずに、素直に□^{2} = △の形にする

$(2x-5)^2 = 3$
$2x - 5 = \pm\sqrt{3}$ より、$x = \dfrac{5 \pm \sqrt{3}}{2}$ …（答）

実践アドバイス ●"前問の利用"を一度は考えよう!

【問題例】

2次関数 $y = x^2 + 2ax + 2a^2 - 25$ の頂点の座標は ［ア］ で、グラフが x 軸と接するときの a の値は ［イ］ である。

✕誤答例

$y = x^2 + 2ax + 2a^2 - 25$
$\quad = (x+a)^2 - a^2 + 2a^2 - 25$
$\quad = \{x-(-a)\}^2 + a^2 - 25$ より、$\underline{(-a,\ a^2-25)}$ …(アの答)

↑ これは正しい

（判別式）$= 0$ より、

$2a^2 - 4(2a^2 - 25) = 0$
$-6a^2 = -100$

$(2a)^2$ を $2a^2$ としてしまった!

$a^2 = \dfrac{\cancel{100}\ 50}{\cancel{6}\ 3}$ より、$a = \pm\sqrt{\dfrac{50}{3}} = \dfrac{\pm\sqrt{150}}{3} = \dfrac{\pm 5\sqrt{6}}{3}$

$\pm \dfrac{5\sqrt{6}}{3}$ …(イの答)

〇正答例（空欄イのみ）

前問アの答えを利用して求める
→ 計算がラク!

グラフが x 軸と接するときは、右図より頂点の y 座標 $= 0$ である。

$a^2 - 25 = 0$
$a^2 = \pm\sqrt{25} = \underline{\pm 5}$ …(イの答)

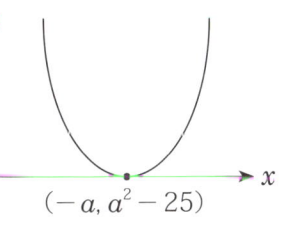

$(-a, a^2-25)$

ミス防止の3原則 Method 45

1. 疲れているからこそ "心にゆとり" を!
2. いきなり解く前に、別の解法を30秒だけ考える
3. 小問が続くときは "前問の利用" を常に心がける

《疲労・集中力低下》によるミスを防ぐ

Method 46 不安な"3乗公式"はその場で確認する!

"3乗公式"を10秒で確認する法

Advice to Prevent Careless Mistakes

■ 事前の"公式チェック"で不安解消!

$a^3 - b^3$、$a^3 + b^3$の因数分解と$(a+b)^3$、$(a-b)^3$の展開の公式は、頭の中でゴッチャになりやすい。しかし、それぞれ覚えやすい方だけをしっかり暗記しておけば、もう一方はその場で確認できる。

よくあるミス

【問題例】
次の式を展開せよ。
$$(2a - 3)^3$$

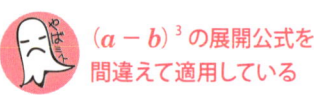

×誤答例

$(a-b)^3$の展開公式を間違えて適用している

$(2a-3)^3 = (2a)^3 + 3 \cdot (2a)^2 \cdot 3 - 3 \cdot 2a \cdot 3^2 - 3^3$
$= 8a^3 + 36a^2 - 54a - 27 \cdots$(答)

○正答例

計算テク $(a+b)^3$の展開公式を使って$(a-b)^3$を求める

※ $(a-b)^3$の展開公式が不安なので最初に確認(右の余白)。

$(2a-3)^3$
$= (2a)^3 - 3 \cdot (2a)^2 \cdot 3 + 3 \cdot 2a \cdot 3^2 - 3^3$
$= 8a^3 - 36a^2 + 54a - 27 \cdots$(答)

● 余白

$(a+b)^3 = a^3 + 3a^2b + 3ab^2 + b^3$
↓
$b = -b$を代入
↓
$(a-b)^3 = a^3 - 3a^2b + 3ab^2 - b^3$

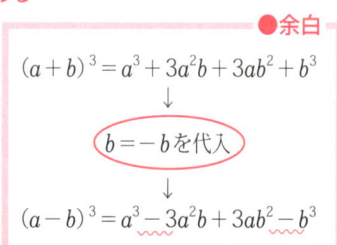

試験中に混乱したときは、うろ覚えのまま適用せず、事前に"公式チェック"を行っておきたい。10秒とかからない簡単な作業だ!

実践アドバイス ● その場で公式を確認してから適用！

【問題例】

次の式を因数分解せよ。
$27a^3 + 64$

×誤答例

$27a^3 + 64 = (3a)^3 + (4)^3$
$= (3a + 4)\{(3a)^2 + 3a \cdot 4 + 4^2\}$
$= (3a + 4)(9a^2 + 12a + 16) \cdots$(答)

$a^3 + b^3$ の因数分解の公式を間違えて適用している

✓CHECK IT OUT！

改善！ その場で確認！

1. 最初に $a^3 + b^3$、$a^3 - b^3$ の因数分解の形を確認する
2. 自信がある方の公式を書いてみる
   $\to a^3 - b^3 = (a - b)(a^2 + ab + b^2)$
3. 実際に展開して正しいかどうかをチェックする →Method 34 の計算テクを活用！
4. $b = -b$ を代入してもう一方を導く

●余白

$(a - b)(a^2 + ab + b^2)$
$= a^3 + a^2b + ab^2$
$\quad - a^2b - ab^2 - b^3$
$= a^3 - b^3 \to$ OK!
↓
$b = -b$ を代入
↓
$(a + b)(a^2 - ab + b^2)$
$= a^3 + b^3$

○正答例

$27a^3 + 64 = (3a)^3 + (4)^3$
$= (3a + 4)\{(3a)^2 - 3a \cdot 4 + 4^2\}$
$= (3a + 4)(9a^2 - 12a + 16) \cdots$(答)

ミス防止の3原則 Method 46

1. "うろ覚えの公式"は即時確認する！
2. "3乗公式"は、一方を確実に覚えておく
3. 展開チェックは、Method34 の計算テクを活用！

《疲労・集中力低下》によるミスを防ぐ

Method 47 関数式を求めたら"通る点"を確認!

だめ押しの"代入確認"でひと安心!

Advice to Prevent Careless Mistakes

■単純だが最強、移動後の代入チェック!

2次関数(放物線)の移動には、平行移動のほか、「x軸対称」「y軸対称」「原点対称」などがあって紛らわしい。この手の問題では、頂点の座標がどこに移ったかをグラフで確認し、求めた式に代入することで簡単に正誤チェックができる。なお、移動後の頂点の座標を見て、平方完成の式を作る別解もある。

よくあるミス

【問題例】

$y = x^2 - 2x + 4$ を x 軸に関して対称移動させてできるグラフの式を求めよ。

平方完成
$y = (x-1)^2 + 3$

移動前 (1, 3) 頂点

×解答例(見直し前)

$y = (-x)^2 - 2(-x) + 4$
$\quad = x^2 + 2x + 4 \cdots ①$

これは y 軸対称

*①は $(1, -3)$ を通るはずなので $x = 1$ を代入。 ← 見直しテク 移動後の頂点を代入

$\rightarrow y = 1^2 + 2 \cdot 1 + 4 = 7$
となり $y = -3$ にならない。⟶ ①式は間違い!

移動後 (1, -3)

○解答例(見直し後)

$-y = x^2 - 2x + 4$
$\quad y = -x^2 + 2x - 4 \cdots$(答)

$x = 1$ を代入すると $y = -1 + 2 - 4 = -3$
$(1, -3)$ を通るのでOK!

実践アドバイス ● グラフ上の点を代入して正誤チェック！

【問題例】

$y = 3x^2$ のグラフを x 軸方向に -2、y 軸方向に 1 だけ平行移動したグラフの式を求めよ。

×解答例（見直し前） 　　正負を取り違えている！

$y + 1 = 3(x - 2)^2$
$y = 3x^2 - 12x + 11 \cdots ①$

✓CHECK IT OUT！ 　見直しテク

移動後のグラフ上の点を代入してみる

→①の右辺に $x = -2$ を代入

$3 \cdot (-2)^2 - 12 \cdot (-2) + 11 = 47$

となり、$y = 1$ にならない。

↓

①のグラフはNG！

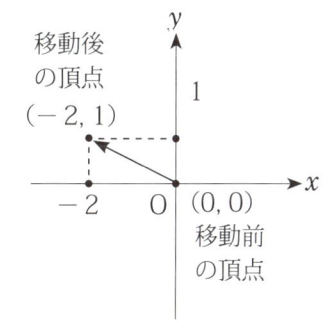

見直しテク　代入によるチェック！

○解答例（見直し後）

$y - 1 = 3\{x - (-2)\}^2$
$y = 3(x + 2)^2 + 1 \cdots ②$

②に $x = -2$ を代入
$y = 1$ となり OK！

$$y = 3(x + 2)^2 + 1 \quad \cdots（答）$$

ミス防止の3原則　Method 47

1. グラフ上を通る点を代入して、式の正誤を確認！
2. 2次関数の移動では、移動後の頂点を求めておく
3. 求めた2次関数は、頂点の座標で代入確認！

《疲労・集中力低下》によるミスを防ぐ

Method 48 余弦と正弦、両方使えるときは余弦定理で解く！

余計な条件を考えずに済ませる
Advice to Prevent Careless Mistakes

■ 正弦定理でも解けるには解けるが…

　三角形の辺や角を求めるとき、正弦定理と余弦定理のどちらでも解けることがあるが、余弦定理を適用する方がミスは少ない。下の誤答例では正弦定理で解いたが、角Bの条件（鈍角か鋭角か）の検討を忘れている（次ページの《参考》）。余弦定理なら、余計な条件を考えずに一発解答だ！

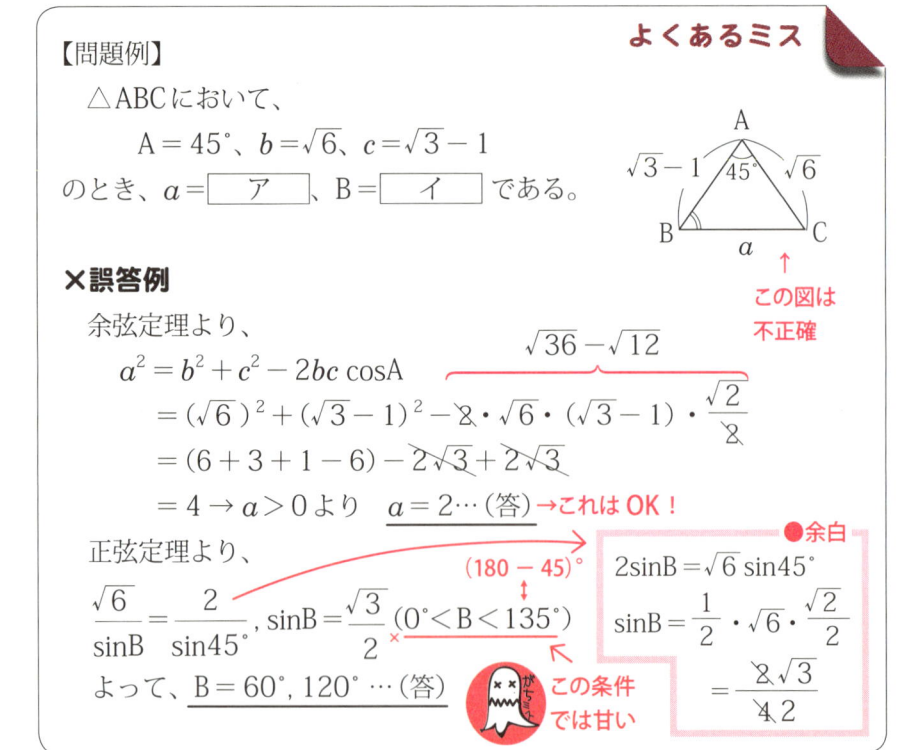

よくあるミス

【問題例】
　△ABCにおいて、
　　$A = 45°$、$b = \sqrt{6}$、$c = \sqrt{3} - 1$
のとき、$a = $ ア 、$B = $ イ である。

（図：この図は不正確）

✗誤答例

余弦定理より、
$$a^2 = b^2 + c^2 - 2bc \cos A$$
$$= (\sqrt{6})^2 + (\sqrt{3} - 1)^2 - 2 \cdot \sqrt{6} \cdot (\sqrt{3} - 1) \cdot \frac{\sqrt{2}}{2}$$
（$\sqrt{36} - \sqrt{12}$）
$$= (6 + 3 + 1 - 6) - 2\sqrt{3} + 2\sqrt{3}$$
$$= 4 \rightarrow a > 0 より \quad \underline{a = 2} \cdots（答）\rightarrow これは OK！$$

正弦定理より、
$$\frac{\sqrt{6}}{\sin B} = \frac{2}{\sin 45°}, \quad \sin B = \frac{\sqrt{3}}{2} \quad (0° < B < 135°)$$
（$(180 - 45)°$）
よって、$\underline{B = 60°, 120°} \cdots$（答）

→ この条件では甘い

●余白
$2\sin B = \sqrt{6} \sin 45°$
$\sin B = \frac{1}{2} \cdot \sqrt{6} \cdot \frac{\sqrt{2}}{2}$
$= \frac{\sqrt{3}}{2}$

実践アドバイス ● 3辺が分かったら、即、余弦定理！

【問題例】

△ABCにおいて、
A = 45°、$b = \sqrt{6}$、$c = \sqrt{3} - 1$
のとき、$a = \boxed{\text{ア}}$、$B = \boxed{\text{イ}}$ である。

〇正答例（$a = 2$ を出したあと）

余弦定理より
$$\cos B = \frac{c^2 + a^2 - b^2}{2ca}$$

[計算テク] どちらでも求められるときは余弦定理を使う

$$= \frac{(\sqrt{3}-1)^2 + 2^2 - (\sqrt{6})^2}{2 \cdot (\sqrt{3}-1) \cdot 2}$$

$3 - 2\sqrt{3} + 1 + 4 - 6$
$= 2 - 2\sqrt{3}$
$= 2(1 - \sqrt{3})$
$= -2(\sqrt{3} - 1)$

$$= \frac{-\cancel{2}(\cancel{\sqrt{3}-1})}{2 \cdot \cancel{2} \cdot (\cancel{\sqrt{3}-1})}$$

→ Method 22 を適用！

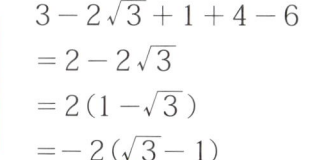

$$= -\frac{1}{2}$$

$0° < B < 180°$ より、$\underline{B = 120°}$ …（答）

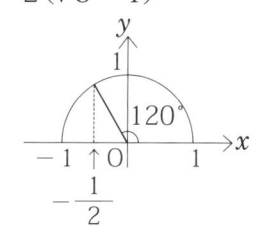

《参考》

$b^2 < a^2 + c^2$ のとき、$B < 90°$（鋭角）
$b^2 = a^2 + c^2$ のとき、$B = 90°$（直角）
$b^2 > a^2 + c^2$ のとき、$B > 90°$（鈍角）

$b = \sqrt{6}$、$a = 2$、$c = \sqrt{3} - 1$
のとき、
$(\sqrt{6})^2 > 2^2 + (\sqrt{3}-1)^2$

→ B は鈍角：$90° < B < 135°$

5章 〈疲労・集中力低下〉によるミスを防ぐ
Method 48

ミス防止の3原則
1. 正弦、余弦の両方使えるときは余弦定理で解け！
2. 「3辺」「2辺夾角」は余弦定理で解く！
3. 正弦定理を使うときは、鈍角か鋭角かを吟味！

《疲労・集中力低下》によるミスを防ぐ

Method 49 面倒な計算は"分割払い"で！

"ヒット&アウェイ"で集中力を維持する

Advice to Prevent Careless Mistakes

■ "ブレイクタイム"を入れてから再計算！

「ひたすら計算するだけ」の面倒な問題は、集中力が切れやすく、つまらないミスを犯しやすい。こういうときは、キリのよいところでいったん中断し、別の問題を解いてから戻ってくるのも一法だ。"別の頭"を使うことが気分転換になり、ほどよい集中力を保った状態で計算を再開できる。

【問題例】

次の式を因数分解せよ。
$$a^3 + a^2b - a(c^2 + b^2) + bc^2 - b^3$$

✗ 誤答例

$$a^3 + a^2b - a(c^2 + b^2) + bc^2 - b^3$$
$$= a^3 + a^2b - ac^2 - ab^2 + bc^2 - b^3$$
$$= a^3 - b^3 + ab(a-b) - c^2(a-b)$$
$$= (a-b)(a^2 + ab - b^2) + (a-b)(ab - c^2)$$
$$= (a-b)(a^2 + ab - b^2 - ab - c^2)$$
$$= (a-b)(a^2 - b^2 - c^2)$$
$$= (a-b)\{(a+b)(a-c) - c^2\}$$

＊ここで行き詰まって終了

> よくあるミス
>
> 公式の勘違い、正負のミス、文字の取り違え

計算を中断する際は、「次の方針」を簡単にメモしておく（次ページ参照）。戻ってきたときに、スムーズに流れに乗れるようにするためだ。

実践アドバイス ● 頭を切り換えてから計算を再開！

【問題例】

次の式を因数分解せよ。
$$a^3 + a^2b - a(c^2 + b^2) + bc^2 - b^3$$

○正答例

$a^3 + a^2b - a(c^2 + b^2) + bc^2 - b^3$
$= a^3 - b^3 + \underline{a^2b} - \underline{ac^2} - \underline{ab^2} + \underline{bc^2}$ ← Method 23 を適用
$= a^3 - b^3 + ab(a-b) - c^2(a-b)$

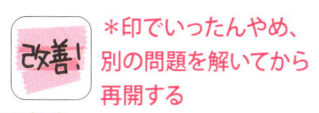

＊($a-b$)でくくる ← 次の方針をメモしておく

改善！ ＊印でいったんやめ、別の問題を解いてから再開する

$= (a-b)(a^2+ab+b^2) + (a-b)(ab-c^2)$ …再開
$= (a-b)(a^2+ab+b^2+ab-c^2)$
$= (a-b)(a^2+2ab+b^2-c^2)$
$= (a-b)\{(a+b)^2-c^2\}$
$= \underline{(a-b)(a+b+c)(a+b-c)}$ …(答)

●余白
$= a^3 + a^2b + ab^2$
$\quad - a^2b - ab^2 - b^3$
$= a^3 - b^3$

3 乗公式の確認
→ Method 46

> NOTEPAD 「次に面倒な展開が控えている」とか「ひと通り先を見通せた」など、山を越える前後を"中断ポイント"にするとよい。

ミス防止の3原則 Method 49

1. 面倒な計算は、キリのよいところで中断する
2. 中断中に別の問題を解いて、頭をリフレッシュ！
3. 再開するときは、直前の計算の見直しから始める

《疲労・集中力低下》によるミスを防ぐ

Method 50 計算式はムダに長く続けない！

余白の活用で"視覚の混乱"を防ぐ
Advice to Prevent Careless Mistakes

■**余白の活用で計算式をコンパクトに！**

　暗算に頼った"途中式の飛ばし"はミスの原因になりやすい（p.32参照）。逆に途中式をダラダラと書いてムダに式が長くなると、単調作業の連続で集中力が落ち、"うっかりミス"を犯す確率も高まる。

よくあるミス

【問題例】
　次の式を展開せよ。
　　$(x^2 + 3x + 1)(x^2 - 4x + 1)$

×誤答例

$(x^2 + 3x + 1)(x^2 - 4x + 1)$
$= (x^2 + 1 + 3x)(x^2 + 1 - 4x)$
$= \{(x^2 + 1) + 3x\}\{(x^2 + 1) - 4x\}$
$= (x^2 + 1)^2 + \boxed{3x(x^2 + 1) - 4x(x^2 + 1)} - 12x^2$
$= x^4 + 2x^2 + 1 + 3x^3 + 3x - 4x^2 - 4x - 12x^2$
$= x^4 + 3x^3 + 2x^2 - 4x^2 - 12x^2 + 3x - 4x + 1$
$= x^4 + 3x^3 - 14x^2 - x + 1$ …（答）

→ これは展開する意味がない

展開ミス
$-4x^3$ が正しい

　誤答例では、途中で"視覚の混乱"が起きて、つまらない展開ミスを犯している。このように、計算式が長くなりそうなときは、省略したい計算や細かい計算を余白で行うとよい（次ページ参照）。余白の活用がちょっとした気分転換になり、計算式をコンパクトにまとめることで、見直しも効率的に行える。

実践アドバイス ● メインの計算式はコンパクトに！

【問題例】

次の式を展開せよ。
$(x^2+3x+1)(x^2-4x+1)$

$x^2+1=t$ として
$(t+3x)(t-4x)$
$=t^2-xt-12x^2$
と考える

改善！ 細かい計算は余白で行う

○正答例 1

$(与式)=\{(x^2+1)+3x\}\{(x^2+1)-4x\}$
$=(x^2+1)^2-x(x^2+1)-12x^2$
$=x^4-x^3-10x^2-x+1$ …(答)

● 余白

スペース

$x^4 \quad +2x^2 \quad +1$
$-x^3 \quad\quad -x$
$\quad\quad -12x^2$
―――――――――――
$x^4-x^3-10x^2-x+1$

○正答例 2

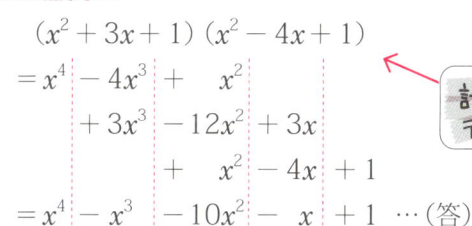

$(x^2+3x+1)(x^2-4x+1)$
$=x^4-4x^3+\ x^2$
$\quad\quad +3x^3-12x^2+3x$
$\quad\quad\quad\quad +\ x^2-4x+1$
$=x^4-x^3-10x^2-\ x+1$ …(答)

（これも同様）
計算テク Method 34 を適用

NOTEPAD 「(与式) =」と書くことで問題を写す手間を省き、写し間違いも防止できる。余白での計算も"見やすさ"を心がけたい。

ミス防止の3原則

1. 計算式はできるだけコンパクトに！
2. 細かい計算や途中式は余白を利用する
3. 展開では Method34 をフルに活用する！

「ミスしない体質」を作る ちょっとした習慣術 ⑤

「1日15分」の計算練習を続けよう！

● "一夜漬け"ではすぐにメッキがはがれる

「習慣は第二の天性なり」という名言がある。「身についた習慣は生まれつきの資質に劣らないほど人生に影響を与える」という意味であるが、これはまさに受験勉強そのものである。

生まれつきの才能やセンスがなくても、努力の方向性さえ間違えずに毎日の勉強を積み重ねれば必ず結果が出る。逆に、優れた才能に恵まれている人でも、勉強をしなければ"ただの人以下"で終わる。それが受験勉強なのである。

この本では、ミスを防ぐ工夫やテクニックを紹介してきたが、それを活かすも殺すもキミ次第だ。残念ながら、本を読んだだけでミスがなくなるほど甘くはない。あとは練習あるのみ。

まずは、「1日15分」の計算トレーニングを習慣化してほしい。計算ドリルでも、授業で一度解いた問題でもかまわない。身につけたいテクニックは、意識せずに使えるようになるまで何回でも練習する。語学の勉強と同じで、反復と継続が大切だ。

1日わずか15分でも、毎日続けることで、1か月後、2か月後には必ず目に見える結果が出てくる。"一夜漬け"で覚えたテクニックはすぐにメッキがはがれるが、習慣化したテクニックは、「第二の天性」として自分の身体にしっかり刻み込まれる。

終章

経験者の知恵と工夫に学ぼう！

巻末
特別付録
1

ミスらない解法テクニック集
〔数学ⅠAⅡB編〕

巻末特別付録 1

ミスらない解法テクニック集　●　数学ⅠAⅡB編

先輩たちの"知的文化財"を
徹底活用しよう！

■「ひとりでできること」の限界を打ち破るために

　受験勉強は、けっして孤独な営みではない。その本質は、むしろ"団体戦"である。何事もそうだが、ひとりの個人ができることには限界がある。しかし、仲間と協力して立ち向かうことで、**個人の能力の限界を超える**ことができる。

　「受験勉強はゲームである」とは、私がよく用いるたとえだ。ひとりだったらクリアするのに２週間はかかる新作ゲームも、仲間と情報交換をしながら攻略法を研究すれば、ものの２～３日で攻略できてしまう。

　「それじゃ、つまらない」と言う人がいるかもしれないが、受験勉強では「楽しさ」よりも「**スピード**」と「**正確性**」が優先される。とはいえ、他人の知恵を借りたり、仲間と協力したりすることで、受験勉強がゲームにも似た楽しさを帯びてくる。それを味わってもらうのも、この本の隠れた狙いのひとつだ。

■　ノウハウと一緒にスピリットも受け継ごう！

　この本に収録した50のメソッドは、言ってみれば、先輩たちが残してくれた"**知的文化遺産**"である。ある日突然ひらめいたテクニックもあれば、試行錯誤の末に編み出したノウハウ、友人や教師から教わった技法もあるだろう。何とも頼もしい助っ人たちがこの本のために集結した。**彼らの知恵を借りない手はない！**

　これらのメソッドを産み出すエネルギー源となったのは、「つまらないミスで点を落として悔しい！」「解ける問題は確実にゲットしたい！」という思いや執念、失敗から学ぶ姿勢、さらには、困難を乗り越えようとする強い意思の力だ。

　キミたちには、先輩たちが残してくれた実戦的なメソッドとともに、こうした"受験スピリット"も一緒に受け継いでほしい。

■ ミスの数だけあるミス防止のテクニック

　受験勉強を通じて編み出された個人的なノウハウは、通常は受験が終わるとともに忘れ去られるか、誰にも伝える機会のないまま、記憶の隅に封印されて風化していく。よく考えれば、こんなにもったいないこともない。

　私が主宰する緑鐵受験指導ゼミナールは、受験の成功者たちの経験やノウハウを、ダイレクトに受講生に伝える「勉強法指導」をモットーとしている。当然のこと、「ミス防止の指導」にも力を入れているので、講師たちの個人的な経験やノウハウが風化することなく保存されているばかりか、実際の指導を通して**新しい工夫**や**テクニック**が編み出され、日々受講生に伝えられている。

　今回の本をつくるにあたっては、50名近くの東大生講師からミス防止の工夫やアイデアを募ったほか、これまでに蓄積された指導アドバイスのデータからも、有益な情報を拾い上げていった。その結果、集まったノウハウはゆうに100を超えた。私自身、当初はこれほど集まるとは考えていなかった。「必要は発明の母」と言われるが、「**ミスはノウハウの母**」であることを実感した瞬間である。

■ 収録できなかった「テクニック集」を特別提供！

　こうして集まったノウハウの中から、誰もが犯しやすい初歩的なミスに焦点を当て、その防止策を厳選して本編に組み込んだ。一方、残念ながら収録できなかったテクニックやノウハウをこのまま埋もれさせるのは、さすがに忍びない。

　そこで、これらを『**ミスらない数学・実戦的解法テクニック66**』と題した小冊子にまとめ、緑鐵受験指導ゼミナールで発行することにした。テーマは、センター試験などで特にニーズが高い数学Ⅰ・A・Ⅱ・Bに絞っている。このあとの「巻末特別付録1」では、そこからいくつかを抜粋して紹介するので、活用できそうなものはどんどん自分のものにしてほしい。

　この小冊子は受講生に配付するオリジナル教材のひとつだが、本書の読者で希望する方には喜んで提供したい。請求方法は「あとがき」(p.166)の最後に記したので、そちらをご覧いただきたい。

ミスらない解法テク ❶　　　数学Ⅰ・2次関数（2次不等式）

2次不等式の解の範囲が勝手に定まる「○×判定法」

> **point**
> "明快ビジュアル"で安心解答

■ 例題
次の不等式を解け。
$$x^2 + 5x + 6 < 0$$

● 解答例

$x^2 + 5x + 6 = (x+2)(x+3) < 0 \cdots ①$

＊（与式）＝0の解を求める　→ 手順1

①に $x=0$ を代入して成立するかを調べる

| 成立する　→ 0を含む区域に○ |
| 成立しない→ 0を含む区域に× |

＊この場合は成立しないので×
　　　　　　　　　→ 手順2

「○の隣は×」「×の隣は○」のルールに従って3つの区域を埋める

　　　　　　　　　→ 手順3

○の区域が求める解となる

　　　$-3 < x < -2$ …（答）

手順1 下のような数直線を描く

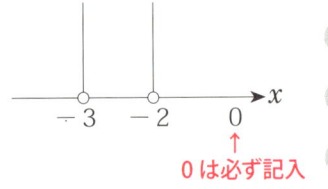

（数直線：-3、-2、0　↑ 0は必ず記入）

手順2 0を含む区域に×印

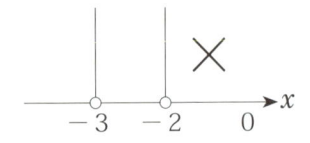

（数直線：-3、-2、0 の右に ×）

手順3 隣は○、その隣は×

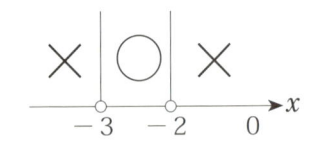

（数直線：× ○ × の順に -3、-2、0）

適用トレーニング 1

次の不等式を求めよ。
$$x^2 - 2x - 1 \geqq 0$$

解答は p.163

ミスらない解法テク ❷ 数学Ⅱ・図形と方程式（軌跡と領域）

不等式の表す領域は「隣り合わないルール」で機械的に求まる

point 不等式の「○×判定法」を発展的に適用する！

■ 例題

$(x+y)(2x-y+1) > 0$ の表す領域を図示せよ。

● 解答例

$(x+y)(2x-y+1) > 0$ …①

* $x+y=0$, $2x-y+1=0$ のグラフを描く　→ 手順1

グラフ上にない適当な点を①に代入して成立するかを調べる

成立する　→その点を含む領域を塗る
成立しない→そのまま（白のまま）

* $(3, 0)$ を①に代入
→ $(3+0)(6-0+1) = 21 > 0$
成立するので塗る　→ 手順2

隣り合わないルール
塗った領域と隣り合う領域は白、白の領域と隣り合う領域は塗る　→ 手順3

右図の灰色部分（境界線除く）が解答になる

手順1 グラフを図示する

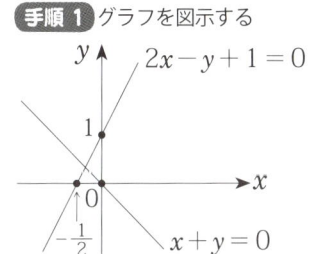

手順2 $(3, 0)$ を含む領域を塗る

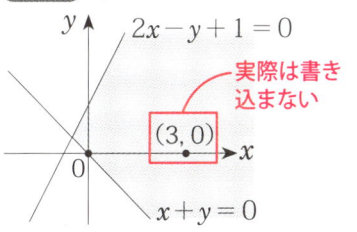

実際は書き込まない

手順3 隣り合わない領域を塗る

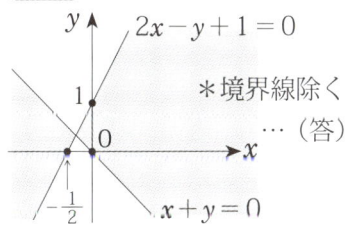

*境界線除く …（答）

終章　経験者の知恵と工夫に学ぼう！

適用トレーニング ❷

$(y - x^2)(x^2 + y^2 - 4) \leqq 0$ の表す領域を図示せよ。

解答は p.163

ミスらない解法テク ❸　　　数学Ⅰ・2次関数（2次方程式）

2次方程式は、x^2の係数に注意して上手に処理！

> **point**
> 解の公式の分母にルートを残さない！

■ 例題

$\sqrt{2}\,x^2 - x - \sqrt{2} = 0$ を解け。

● 解答例

両辺に $\sqrt{2}$ をかけて

$$2x^2 - \sqrt{2}\,x - 2 = 0$$

解の公式より、

$$x = \frac{\sqrt{2} \pm \sqrt{(\sqrt{2})^2 - 4\cdot 2\cdot(-2)}}{2\cdot 2}$$

$$= \frac{\sqrt{2} \pm \sqrt{18}}{2\cdot 2}$$

$$= \frac{\sqrt{2} \pm 3\sqrt{2}}{2\cdot 2}$$

よって、

$$x = -\frac{\sqrt{2}}{2},\ \sqrt{2} \quad \cdots (答)$$

《ココが急所》

両辺に $\sqrt{2}$ をかけずに解の公式で解くと、下のように最後に有理化の手間が増えてミスをしやすくなる。

$$x = \frac{-(-1) \pm \sqrt{(-1)^2 - 4\cdot\sqrt{2}\cdot(-\sqrt{2})}}{2\cdot\sqrt{2}}$$

$$= \frac{1 \pm 3}{2\sqrt{2}}$$

$$= -\frac{1}{\sqrt{2}},\ \frac{2}{\sqrt{2}}$$

⇒ メンドウ

分母の有理化をして答えを出す

⇒ ミスしやすい

両辺に $\sqrt{2}$ をかけるのは、分母にルートを残さないため！

適用トレーニング ❸

$\sqrt{3}\,x^2 - 2x - 2\sqrt{3} = 0$ を解け。

解答は p.163

ミスらない解法テク ❹ 　　数学I・図形と計量（三角比）

計算で求めた答えを図形的に確認する「ビジュアル検算」

point 視点を変えた検算で思い込みのミスを防ぐ！

■ 例題
θは鋭角とする。$\sin\theta = \dfrac{2}{3}$ のとき、$\cos\theta$ と $\tan\theta$ の値を求めよ。

● 解答例

$\cos^2\theta = 1 - \sin^2\theta$, θは鋭角より$\cos\theta > 0$なので、

$$\cos\theta = \sqrt{1 - \sin^2\theta}$$
$$= \sqrt{1 - \left(\dfrac{2}{3}\right)^2}$$
$$= \sqrt{1 - \dfrac{4}{9}}$$
$$= \dfrac{\sqrt{5}}{3}$$

← $\sqrt{\dfrac{9-4}{9}}$

$$\tan\theta = \dfrac{\sin\theta}{\cos\theta} = \dfrac{2}{3} \times \dfrac{3}{\sqrt{5}}$$
$$= \dfrac{2}{\sqrt{5}}$$
$$= \dfrac{2\sqrt{5}}{5}$$

← $\dfrac{2}{\sqrt{5}} \times \dfrac{\sqrt{5}}{\sqrt{5}}$

≪ここで検算！≫
計算を見直すのではなく、三角形を描いて$\cos\theta$, $\tan\theta$の定義から確認するとより安全・確実！

ビジュアル検算

$\sin\theta = \dfrac{2}{3}$, $0° < \theta < 90°$ より下のような三角形を考える。

$AB = \sqrt{3^2 - 2^2}$
$= \sqrt{5}$

（直角三角形：Aにθ、斜辺AC=3、対辺BC=2、AB=$\sqrt{5}$）

$\cos\theta = \dfrac{AB}{AC} = \dfrac{\sqrt{5}}{3}$ → OK!

$\tan\theta = \dfrac{BC}{AB} = \dfrac{2}{\sqrt{5}} = \dfrac{2\sqrt{5}}{5}$ → OK!

$\cos\theta = \dfrac{\sqrt{5}}{3}$, $\tan\theta = \dfrac{2\sqrt{5}}{5}$ …（答）

適用トレーニング ❹

θは鋭角とする。$\tan\theta = 4$ のとき、$\sin\theta$ と $\cos\theta$ の値を求めよ。

解答はp.163

終章　経験者の知恵と工夫に学ぼう！

ミスらない解法テク ⑤ 数学Ⅱ・三角関数（積⇄和の公式）

≪積⇄和≫の公式は、
加法定理から導くのが確実！

point
加法定理だけ覚えて、あとはその場で導く！

■ 例題
$\sin 15°\cos 75°$ の値を求めよ。

≪ココが急所≫
三角関数の「積⇄和の公式」は、覚えにくくミスをしやすいので、加法定理を使ってその場で導くのが安全かつ実戦的である。

→ 手順1、2

● 解答例
$\alpha = 15°$, $\beta = 75°$ として、
$$\sin 15°\cos 75°$$
$$= \frac{1}{2}\{\sin(15°+75°)+\sin(15°-75°)\}$$
$$= \frac{1}{2}\{\sin 90°+\sin(-60°)\}$$
$$= \frac{1}{2}\left(1-\frac{\sqrt{3}}{2}\right)$$
$$= \frac{2-\sqrt{3}}{4} \cdots（答）$$

手順1 加法定理を書き出す（4つ）

$\sin(\alpha+\beta) = \sin\alpha\cos\beta + \cos\alpha\sin\beta$ …①
$\sin(\alpha-\beta) = \sin\alpha\cos\beta - \cos\alpha\sin\beta$ …②
$\cos(\alpha+\beta) = \cos\alpha\cos\beta - \sin\alpha\sin\beta$ …③
$\cos(\alpha-\beta) = \cos\alpha\cos\beta + \sin\alpha\sin\beta$ …④

手順2 ①+②で $\sin\alpha\cos\beta$ を求める

①+②より、
$$\sin(\alpha+\beta)+\sin(\alpha-\beta) = 2\sin\alpha\cos\beta$$
⇩
$$\sin\alpha\cos\beta = \frac{1}{2}\{\sin(\alpha+\beta)+\sin(\alpha-\beta)\}$$

$\begin{cases} ①-② \rightarrow \cos\alpha\sin\beta \\ ③+④ \rightarrow \cos\alpha\cos\beta \\ ③-④ \rightarrow \sin\alpha\sin\beta \end{cases}$ が求まる

《ポイント》
加法定理だけは確実に暗記する！

適用トレーニング 5
$\sin 15°\sin 105°$ の値を求めよ。

解答は p.164

ミスらない解法テク ⑥ 数学Ⅰ・数と式（連立方程式）

石橋を叩いて渡る、万全のダブルチェック検算！

point 連立方程式の検算は、1本では安心できない

■ 例題

$x+2y-1=0$ …① と $2x+y+1=0$ …② の交点の座標を求めよ。

≪ココが急所≫

①と②の連立方程式を解くときに計算ミスをした場合、求まった x と y の値を①に代入して検算してもミスに気づかないことがある（やばミス解説）。そこで、x と y の値を①と②の両方に代入する"ダブルチェック"を実践して、万全には万全を期す！

● 解答例

①×2より、$2x+4y-2=0$ …③
③－②より、$3y-3=0 \rightleftarrows \underline{y=1}$
①より、$x=-2\cdot1+1=\underline{-1}$

ダブルチェック

$x=-1, y=1$ を①と②に代入
① → $-1+2\cdot1-1=0$ → OK!
② → $2\cdot(-1)+1+1=0$ → OK!

交点の座標は $(-1, 1)$ …（答）

◆やばミス解説

①×2を
　$2x+4y\underset{\times}{-1}=0$ …③
のようにミスしたとする。（2倍するのを忘れた！）
⇓
③－②より、
　$3y-2=0 \rightleftarrows y=\dfrac{2}{3}$
①より、$x=-2\cdot\dfrac{2}{3}+1$
　　　　　$=-\dfrac{1}{3}$

①と②の交点は $\left(-\dfrac{1}{3}, \dfrac{2}{3}\right)$

$x=-\dfrac{1}{3}, y=\dfrac{2}{3}$ を①に代入すると、
$-\dfrac{1}{3}+2\cdot\dfrac{2}{3}-1=\dfrac{-1+4-3}{3}=0$
となり成立してしまう！
⇓
代入してもミスに気づかない

適用トレーニング ⑥

$x-2y-5=0$ …① と $3x+y-1=0$ …② の交点の座標を求めよ。

解答は p.164

終章　経験者の知恵と工夫に学ぼう！

ミスらない解法テク ❼ 数学A・確率

確率計算では、最後に分母を揃える！

> **point**
> 確率のたし算では最後に分母を合わせる

■ 例題
赤玉5個、白玉3個の入った箱がある。ここから2つの玉を取り出すとき、2個とも同じ色の玉である確率を求めよ。

● 解答例

i) 2個とも赤玉である確率：
$$\frac{{}_5C_2}{{}_8C_2} = \frac{5 \times 4}{2 \times 1} \times \frac{2 \times 1}{8 \times 7} = \frac{5 \times 4 \times 2}{8 \times 7 \times 2}$$

ii) 2個とも白玉である確率：
$$\frac{{}_3C_2}{{}_8C_2} = \frac{3 \times 2}{2 \times 1} \times \frac{2 \times 1}{8 \times 7} = \frac{3 \times 2 \times 2}{8 \times 7 \times 2}$$

よって、
$$\frac{5 \times \overset{1}{4} \times 2}{\underset{2}{8} \times 7 \times 2} + \frac{3 \times \overset{1}{2} \times \overset{1}{2}}{\underset{4}{8} \times 7 \times \overset{1}{2}} = \frac{5 \times 2}{28} + \frac{3}{28}$$

$$= \frac{13}{28} \cdots (答)$$

> ここで分母をそろえる！

《ココが急所》

> まだ約分をしない！

ここで約分をしてしまうと、

$$\frac{5 \times \overset{1}{4} \times \overset{1}{2}}{\underset{2}{8} \times 7 \times \overset{1}{2}} = \frac{5}{14}$$

$$\frac{3 \times \overset{1}{2} \times \overset{1}{2}}{\underset{4}{8} \times 7 \times \overset{1}{2}} = \frac{3}{28}$$

⇩

$$\frac{5}{14} + \frac{3}{28}$$

> 分母をそろえる操作が増える
> ＝
> **ミスの元！**

適用トレーニング ❼

赤玉1個、黄玉3個、青玉5個の入った箱がある。ここから2つの玉を取り出すとき、2個とも同じ色の玉である確率を求めよ。

解答は p.164

ミスらない解法テク ❽ 数学Ⅱ・微分と積分（定積分）

定積分の計算は「引くところ」でのミスに注意して慎重に！

point マイナスのあとは"カッコをつける"で！

■ 例題

$\int_{-1}^{3}(-x^2+5x-3)\,dx$ を求めよ。

● 解答例

$\int_{-1}^{3}(-x^2+5x-3)\,dx = \left[-\dfrac{1}{3}x^3+\dfrac{5}{2}x^2-3x\right]_{-1}^{3}$

$= -\dfrac{1}{3}\cdot 3^3+\dfrac{5}{2}\cdot 3^2-3\cdot 3$

$\boxed{-}\left\{\left(-\dfrac{1}{3}\right)\cdot(-1)^3+\dfrac{5}{2}\cdot(-1)^2-3\cdot(-1)\right\}$

ココが急所

マイナスで括らずに、いきなり
$-\left(-\dfrac{1}{3}\right)\cdot(-1)^3-\dfrac{5}{2}\cdot(-1)^2+3\cdot(-1)$
と書くのはミスの元になる。

$= -\dfrac{1}{3}\cdot 3^3+\dfrac{5}{2}\cdot 9-9$

$\quad -\left(\dfrac{1}{3}+\dfrac{5}{2}+3\right)$

先に｛ ｝の中を整理してからマイナスを外す！

$= -9+\dfrac{45}{2}-9-\dfrac{1}{3}-\dfrac{5}{2}-3$

$= -\dfrac{4}{3}$ （答）

$-9-9-3+\dfrac{45-5}{2}-\dfrac{1}{3}$
$= -21+20-\dfrac{1}{3}$
$= -1-\dfrac{1}{3}=-\dfrac{3}{3}-\dfrac{1}{3}$

適用トレーニング ❽

$\int_{2}^{3}(x^2-6x+12)\,dx$ を求めよ。

解答は p.164

終章 経験者の知恵と工夫に学ぼう！

ミスらない解法テク ❾ 　　数学Ⅱ・三角関数（三角関数の合成）

三角関数の合成は、機械的に図を描いてあっという間に完成！

point 扱いにくい公式を簡明マニュアル化する！

■ **例題**
$-\sin\theta + \cos\theta$ を $r\sin(\theta + \alpha)$ の形に合成せよ。
ただし、$r > 0, -\pi < \alpha \leq \pi$ とする。

● **解答例**

$\begin{cases} \sin\theta \text{の係数は}-1 \cdots x\text{軸方向} \\ \cos\theta \text{の係数は}+1 \cdots y\text{軸方向} \end{cases}$

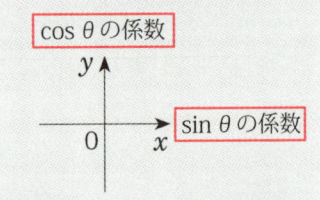

① x軸方向に -1 進む。　→ **手順1**
② y軸方向に $+1$ 進む。　→ **手順2**
③ 矢印と原点を結び三角形を描く。斜辺の長さが r になる。　→ **手順3**
④ x軸の正の方向から斜辺までの角度を求める。これが α になる。　→ **手順4**

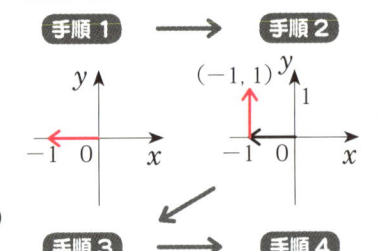

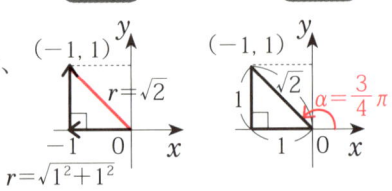

絶対覚える約束事
$\sin\theta$ の係数は x 軸
$\cos\theta$ の係数は y 軸

手順4の図より、$r = \sqrt{2}$, $\alpha = \dfrac{3}{4}\pi$ なので、

$-\sin\theta + \cos\theta = \sqrt{2}\sin\left(\theta + \dfrac{3}{4}\pi\right)$ …（答）

《注意》
x軸の正の方向から斜辺（r）までの角度は、**反時計回りが正（時計回りが負）**とする。

適用トレーニング ❾
$-\sqrt{3}\cos\theta + \sin\theta$ を $r\sin(\theta + \alpha)$ の形に合成せよ。
ただし、$r > 0, -\pi < \alpha \leq \pi$ とする。

解答は p.164

ミスらない解法テク ⑩ 数学B・数列（等比数列の和）

等比数列の和の公式は、$r>1$と$r<1$とで使い分け！

point マイナスが頭につく計算は極力避ける！

■ 例題
次の等比数列の初項から第n項までの和を求めよ。
　（1）初項2、公比3　　（2）初項2、公比-3

《ココが急所》
　等比数列の和の公式は、公比$r \neq 1$のとき2通りの表し方がある（右の①と②）。この2つは公比rの値によって、下のように使い分けると計算しやすくミスしにくい。

$r>1$のとき、$S_n = a \cdot \dfrac{r^n - 1}{r - 1}$

$r<1$のとき、$S_n = a \cdot \dfrac{1 - r^n}{1 - r}$

等比数列の和の公式
初項a、公比rとすると、
ⅰ）$r \neq 1$のとき、
$S_n = a \cdot \dfrac{1 - r^n}{1 - r}$　…①
　　$= a \cdot \dfrac{r^n - 1}{r - 1}$　…②
ⅱ）$r = 1$のとき、$S_n = na$

⇩

初項2、公比3（$r>1$）を①に適用した場合…

$S_n = 2 \cdot \dfrac{1 - 3^n}{1 - 3}$
　　$= 2 \cdot \dfrac{1 - 3^n}{-2}$
　　$= -(1 - 3^n) = 3^n - 1$

マイナスが頭についてしまうのでミスをしやすくなる！

● 解答例
（1）　$2 \times \dfrac{3^n - 1}{3 - 1} = 3^n - 1$　…（答）

（2）　$2 \times \dfrac{1 - (-3)^n}{1 - (-3)} = 2 \times \dfrac{1 - (-3)^n}{4}$
　　　$= \dfrac{1}{2}\{1 - (-3)^n\}$　…（答）

適用トレーニング ⑩
次の等比数列の初項から第n項までの和を求めよ。
　（1）初項1、公比-2
　（2）初項3、公比2

解答はp.165

終章　経験者の知恵と工夫に学ぼう！

ミスらない解法テク ⑪ 数学B・数列

数列の問題は $n=1,2,3$ を代入する "鉄板検算" を！

point 代入して確認すれば絶対に間違えない！

■ 例題
等差数列 $9, 5, 1, -3 \cdots$ の一般項 a_n を求めよ。

● 解答例

$9, \; 5, \; 1, \; -3 \cdots a_{n-1}, a_n$
　$-4 \; -4 \; -4 \qquad\quad -4$

初項9、公差 -4 の等差数列なので、

$a_n = 9 + (n-1) \cdot (-4)$
　　$= -4n + 13$

ここで検算

$a_n = -4n + 13 \cdots$ (答)

等差数列の公式

初項 a、公差 d の等差数列の一般項 a_n は
$a_n = a + (n-1)d$

初項から第 n 項までの和 S_n は
$S_n = \dfrac{1}{2} n \{2a + (n-1)d\}$

$\begin{cases} n=1 \text{ を代入} \\ \quad \to -4 \cdot 1 + 13 = 9 \cdots \text{OK!} \\ n=2 \text{ を代入} \\ \quad \to -4 \cdot 2 + 13 = 5 \cdots \text{OK!} \\ n=3 \text{ を代入} \\ \quad \to -4 \cdot 3 + 13 = 1 \cdots \text{OK!} \end{cases}$

＊n は小さいほうから代入すると計算がラク。ただし、$n=1$ だけでは心許ないので、$n=2$ も代入し、余裕があれば $n=3$ まで！

適用トレーニング 11

等差数列 $16, 9, 2, -5 \cdots$ の初項から第 n 項までの和を求めよ。

解答は p.165

ミスらない解法テク

適用トレーニングの解答例

1 P.152

$x^2 - 2x - 1 \geqq 0$ …①
$x^2 - 2x - 1 = 0$ を解いて、$x = 1 \pm \sqrt{2}$
$x = 0$ を①に代入
すると成立しない。
右図の0を含む区
域に×、両隣に○。

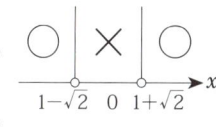

$x \leqq 1 - \sqrt{2}, \ 1 + \sqrt{2} \leqq x$ …(答)

2 P.153

$(y - x^2)(x^2 + y^2 - 4) \leqq 0$ …①

手順1

$\begin{cases} y - x^2 = 0 \\ x^2 + y^2 - 4 = 0 \end{cases}$
のグラフを描く。

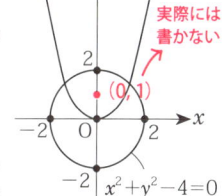

手順2

グラフ上にない点、ここでは $(0, 1)$ を①に代入すると
$1 \cdot (-3) \leqq 0$
で成立するので、$(0, 1)$ を含む領域を塗る。

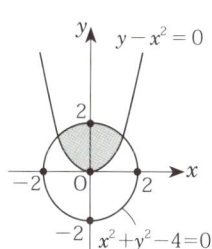

手順3

「隣り合わないルール」より、塗る領域と塗らない領域を定めて図を完成させる (右図)。

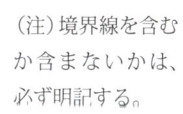

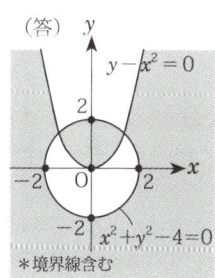

(注) 境界線を含むか含まないかは、必ず明記する。

*境界線含む

3 P.154

$\sqrt{3} x^2 - 2x - 2\sqrt{3} = 0$ …①
①の両辺に $\sqrt{3}$ をかけて、
$3x^2 - 2\sqrt{3} x - 6 = 0$
解の公式より、
$x = \dfrac{2\sqrt{3} \pm \sqrt{(-2\sqrt{3})^2 - 4 \cdot 3 \cdot (-6)}}{2 \cdot 3}$

$= \dfrac{2\sqrt{3} \pm \sqrt{84}}{2 \cdot 3}$ ← $12 - (-72) = 84$

$= \dfrac{\sqrt{3} \pm \sqrt{21}}{3}$ ← $\dfrac{\cancel{2}\sqrt{3} \pm \cancel{2}\sqrt{21}}{\cancel{2} \cdot 3}$

$x = \dfrac{\sqrt{3} \pm \sqrt{21}}{3}$ …(答)

4 P.155

$\tan \theta + 1 = \dfrac{1}{\cos^2 \theta}$ より、

$\cos^2 \theta = \dfrac{1}{\tan^2 \theta + 1}$ …①

$\tan \theta = 4$ を①に代入して、
$\cos^2 \theta = \dfrac{1}{17}$、$\theta$ は鋭角より、$\cos \theta = \dfrac{\sqrt{17}}{17}$

$\sin \theta = \tan \theta \times \cos \theta = 4 \cdot \dfrac{\sqrt{17}}{17} = \dfrac{4\sqrt{17}}{17}$

◎ビジュアル検算

$\tan \theta = \dfrac{BC}{AB} = 4$ より、
右のような三角形を考える。
$AC = \sqrt{1^2 + 4^2} = \sqrt{17}$
$\sin \theta = \dfrac{4}{\sqrt{17}} = \dfrac{4\sqrt{17}}{17}$ OK!
$\cos \theta = \dfrac{1}{\sqrt{17}} = \dfrac{\sqrt{17}}{17}$ OK!

$\sin \theta = \dfrac{4\sqrt{17}}{17}, \ \cos \theta = \dfrac{\sqrt{17}}{17}$ …(答)

5   P.156

$\sin\alpha\sin\beta = \bigcirc + \square$ の積 $\rightleftarrows$ 和の公式を加法定理から導く。

$\cos(\alpha+\beta) = \cos\alpha\cos\beta - \sin\alpha\sin\beta$ …①
$\cos(\alpha-\beta) = \cos\alpha\cos\beta + \sin\alpha\sin\beta$ …②

①-②より、
$\cos(\alpha+\beta) - \cos(\alpha-\beta) = -2\sin\alpha\sin\beta$
$\therefore \sin\alpha\sin\beta = -\dfrac{1}{2}\{\cos(\alpha+\beta) - \cos(\alpha-\beta)\}$

$\sin 15° \sin 105°$
$= -\dfrac{1}{2}\{\cos(15°+105°) - \cos(15°-105°)\}$
$= -\dfrac{1}{2}\{\cos 120° - \cos(-90°)\}$
$= -\dfrac{1}{2}\left(-\dfrac{1}{2} - 0\right)$
$= \dfrac{1}{4}$ …(答)

6   P.157

$\begin{cases} x - 2y - 5 = 0 & \cdots① \\ 3x + y - 1 = 0 & \cdots② \end{cases}$

②×2+①より、
$\begin{array}{r} 6x + 2y - 2 = 0 \\ +)\quad x - 2y - 5 = 0 \\ \hline 7x \qquad\quad - 7 = 0 \end{array}$ $\therefore x = 1$

$x = 1$ を②に代入して $y = -3 + 1 = -2$

ダブルチェック検算

$x = 1$, $y = -2$ を①に代入
$1 - 2\cdot(-2) - 5 = 0 \to$ **OK!**

$x = 1$, $y = -2$ を②に代入
$3\cdot 1 + (-2) - 1 = 0 \to$ **OK!**

検算終了

交点の座標は $(1, -2)$ …(答)

7   P.158

i) 2個とも黄色である確率

$\dfrac{{}_3C_2}{{}_9C_2} = \dfrac{3\times 2}{2\times 1} \times \dfrac{2\times 1}{9\times 8} = \dfrac{3\times 2\times 2}{9\times 8\times 2}$

ii) 2個とも青玉である確率

$\dfrac{{}_5C_2}{{}_9C_2} = \dfrac{5\times 4}{2\times 1} \times \dfrac{2\times 1}{9\times 8} = \dfrac{5\times 4\times 2}{9\times 8\times 2}$

よって、

$\dfrac{3\times 2\times 2}{9\times 8\times 2} + \dfrac{5\times 4\times 2}{9\times 8\times 2} = \dfrac{3}{36} + \dfrac{10}{36}$

分母を36に合わせる

$= \dfrac{13}{36}$ …(答)

8   P.159

$\displaystyle\int_2^3 (x^2 - 6x + 12)\, dx$ $6\cdot\dfrac{1}{2}x^2 = 3x^2$

$= \left[\dfrac{1}{3}x^3 - 3x^2 + 12x\right]_2^3$

$= \left(\dfrac{1}{3}\cdot 3^3 - 3\cdot 3^2 + 12\cdot 3\right)$ $9 - 27 + 36 = 18$

$\quad - \left(\dfrac{1}{3}\cdot 2^3 - 3\cdot 2^2 + 12\cdot 2\right)$ $\dfrac{8}{3} - 12 + 24 = \dfrac{8}{3} + 12$

$= 18 - \left(\dfrac{8}{3} + 12\right)$ $18 - \dfrac{8}{3} - 12$

$= 6 - \dfrac{8}{3}$ $\dfrac{18 - 8}{3}$

$= \dfrac{10}{3}$ …(答)

9   P.160

$-\sqrt{3}\cos\theta + \sin\theta$
$= \sin\theta - \sqrt{3}\cos\theta$ $\sin\theta$、$\cos\theta$ の順に直してから解くと混乱しない。

$\begin{cases} \sin\theta \text{ の係数} \to +1 \\ \cos\theta \text{ の係数} \to -\sqrt{3} \end{cases}$

手順 1
x軸方向に$+1$進む。

手順 2
y軸方向に$-\sqrt{3}$進む。

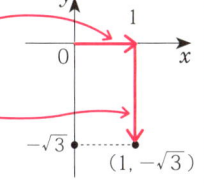

手順 3
矢印の先と原点を結んで三角形を描き、斜辺rを求める。
$r = \sqrt{1^2 + (\sqrt{3})^2} = 2$

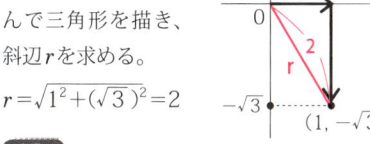

手順 4
x軸の正の方向から斜辺までの角度αを求める。
(注)時計回りなので、
$\alpha = -\dfrac{\pi}{3}$

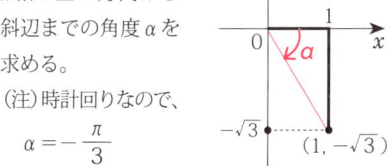

よって、
$-\sqrt{3}\cos\theta + \sin\theta$
$\quad = 2\sin\left(\theta - \dfrac{\pi}{3}\right)$ …(答)

10 P.161

(1) 初項1、公比-2 → $\boxed{-2 < 1}$

$1 \cdot \dfrac{1-(-2)^n}{1-(-2)} = \dfrac{1}{3}\{1-(-2)^n\}$ …(答)

(2) 初項3、公比2 → $\boxed{2 > 1}$

$3 \cdot \dfrac{2^n - 1}{2 - 1} = 3(2^n - 1)$ …(答)

11 P.162

初項16、公差-7の等差数列の初項から第n項までの和S_nは、
$S_n = \dfrac{1}{2}n\{2a + (n-1)d\}$ …①

①のaに16、dに-7を代入して、
$S_n = \dfrac{1}{2}n\{32 - 7(n-1)\}$
$\quad = \dfrac{1}{2}n(-7n + 39)$ …②

ここで$n = 1, 2, 3$の代入検算!

等差数列
$\quad 16, 9, 2, -5 \cdots a_n$
の和S_nのS_1, S_2, S_3を求めると、
$\begin{cases} S_1 = 16 \\ S_2 = S_1 + 9 = 25 \\ S_3 = S_2 + 2 = 27 \end{cases}$

②に$n=1$を代入
$S_1 = \dfrac{1}{2} \cdot 1(-7 \cdot 1 + 39) = 16$ …OK!

②に$n=2$を代入
$S_2 = \dfrac{1}{2} \cdot 2(-7 \cdot 2 + 39) = 25$ …OK!

②に$n=3$を代入
$S_3 = \dfrac{1}{2} \cdot 3(-7 \cdot 3 + 39)$
$\quad = \dfrac{1}{2_1} \cdot 3 \cdot 18^9$
$\quad = 27$ …OK!

(検算終了)

$S_n = \dfrac{1}{2}n(-7n + 39)$ …(答)

あとがき

今後の人生に活きるノウハウを、受験勉強を通して手に入れよう！

　受験勉強の経験から得られたノウハウは、大学生になってからも就職してからも必ず役に立つ。これが私の経験則からくる信念である。

　本書で紹介した数々のノウハウも、「受験が終わったらごみ箱行き」というわけではけっしてない。人生にミスはつきものである。嫌な話だが、たったひとつのミスのために会社をクビになることだってある。

　そんな厳しい社会を生き抜くために必要なのが、「**ノウハウを編み出す思考法**」だ。この本は、表向き「テクニック集」の体裁だが、「原因を分析して対策を編み出す」という、どの世界でも要求される思考法を習得する本でもある。

　今回はたまたまミスがテーマだが、これが「営業成績を上げるノウハウ」でも「仕事を能率的にこなすノウハウ」でも、根っこにある思考法は同じだ。受験勉強を通じてこの考え方を身につけておくことが、**今後の人生をよりよく生きるための貴重な財産**になると私は確信している。

　しかし、まずは目の前に立ちはだかる受験という壁を乗り越えることが、人生での最初の仕事となる。キミたちが受験に成功したら、こんどはキミたちが編み出したノウハウを後輩に伝える番だ。自分を信じて頑張ろう！

和田秀樹

＊緑鐵オリジナル小冊子『ミスらない数学・実戦的解法テクニック66』（A5判・80ページ）をご希望の方は、封書に120円切手5枚（計600円、送料込）を同封の上、住所・氏名（フリガナ）・電話番号を明記した紙を添えて下記住所までご郵送ください。

〒113-0033　東京都文京区本郷3-21-12 ＲＴビル２Ｆ
　　　　　　リョクテツ受験指導ゼミナール
　　　　　　「解法テクニック集」希望

●●● 緑鐵受験指導ゼミナールに関するお問い合わせは、下記住所に郵送してください。

緑鐵舎 通信指導部
志望大学別 緑鐵受験指導ゼミナール
〒113-8691 東京都文京区本郷郵便局私書箱 39 号
緑鐵受験指導ゼミナールホームページ　http://www.ryokutetsu.net

超明解！合格 NAVI シリーズ
ケアレスミスをなくす50の方法 ─ 大学受験 合格への鉄板テクニック
2014 年 5 月 20 日　初版第2版発行

著　者　和田秀樹
発行者　木谷仁哉
発行所　株式会社ブックマン社
　　　　〒101-0065　東京都千代田区西神田 3-3-5
　　　　　　営業部 ☎ 03-3237-7777
　　　　　　編集部 ☎ 03-3237-7784
　　　　ホームページ　http://www.bookman.co.jp
DTP　　メディアアート
印刷所　赤城印刷株式会社

ISBN978-4-89308-782-9
定価はカバーに表示してあります。
許可なく複写・転載すること及び部分的にもコピーすることを禁じます。
乱丁、落丁本はお取替え致します。
Printed In Japan
ⓒ 2012 Hideki Wada, BOOKMAN-sha

「ミスらんシール」の使い方

右ページの巻末特別付録2には、下の6種類のシールが収納されています。説明をよく読んで、「ミスらんノート」を作る際に活用してください。

❶ ミスICON "キズの程度"を自分で判断して選択する

	▼キズの程度	▼判断基準・アドバイス
ゆるミス	★☆☆ 浅	ミスの頻度は少なく気づきやすい。ちょっとした手当てや心がけで治せるが、放置しておくと「やばミス」に転化するので注意！
やばミス	★★☆ 中	よくやるミス。気づきにくい。意識して対策に取り組む必要がある。放っておくとキズが深くなるので「早期発見・早期改善」が重要！
がちミス	★★★ 深	パターン化してクセになっている固有のミス。再犯率が高く"集中治療"が必要。徹底した対策を講じて最優先で克服すべき！

❷ 対策ICON ミス防止策のタイプに合わせて選択する

改善！	見直しテク	計算テク
従来と違う対策や改善策などを示す	見直しの方法、テクニックなどを示す	計算の工夫、テクニックなどを示す

● 「ミスらんシール」を追加でご希望の方は

封書に300円分（送料込）の切手を同封の上、住所・氏名・電話番号を明記し、下記までご郵送ください。右ページと同様のシールを2枚お送りいたします。

〒101-0065　東京都千代田区西神田3-3-5
　　　　　　株式会社ブックマン社
　　　　　　「ミスらんシール」係

巻末特別付録 2

貼るほどに効く！ **ミスらんシール**

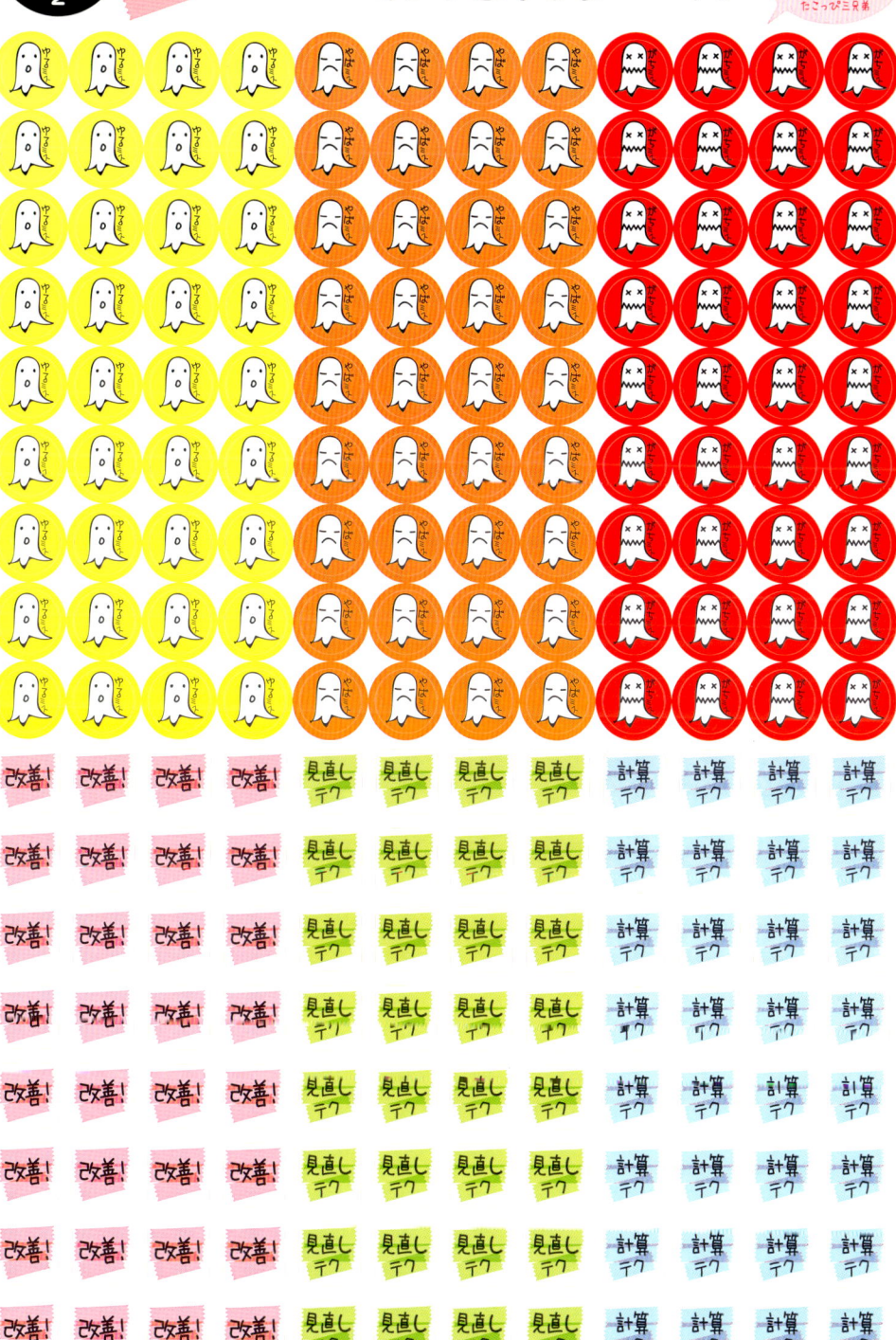